이것만 알아듣고
이것만 말할 수 있으면
세계 어디를 가도

영어따위 문제없다

Prologue

아주 오래 전에 사진가 친구 H와 일 때문에 모로코 여행을 떠난 적이 있었다. 모로코 공용어는 아랍어와 프랑스어이고 영어를 할 수 있는 사람은 아주 극소수이므로 당연히 언어 문제를 어찌할지에 대한 이야기가 나왔다.

나는 고등학교 때 2년간 프랑스어를 배웠지만 흥미가 없어서 수업을 거의 듣지 않았고, 따로 공부를 하지도 않았다. 당연히 성적도 최하위, 항상 꼴찌였다. 반면 H는 게이오 대학교에서 3년간 프랑스어를 성실하게 공부했다고 한다.

"그럼, 언어 문제는 맡겨도 되겠지?"
"10년 전에 배웠지만 한번 해 볼게. 나만 믿으셔!"
H는 이렇게 말하면서 주먹 진 손으로 가슴을 툭툭 치며 자신감을 보였다.

하지만 우리의 여행지에서 H의 프랑스어는 전혀 도움이 안 되었다. 문제는 리스닝!

"속도가 너무 빨라. 학교에서 배운 거랑 너무 달라서 도대체 무슨 말을 하는지 모르겠어."
그뿐인가. 아주 간단한 일상 회화는 물론 가볍게 툭툭 주고받는 인사조차 통하지 않는다고 했다. 어려운 말과 문법 중심으로 공부한 나머지 간단한 표현, 심지어 맞장구까지도 떠오르지 않아 전혀 소통이 불가능했다는 것이다.

그런데 영어에 능통한 나는 달랐다. 승무원, 세관 심사관, 택시 운전사, 호텔 프런트 직원이 하는 '직업은 뭐예요?' '어디에서 묵을 예정이에요?' '짐은 이것뿐인가요?'라는 프랑스어 표현이나 '신고' '예약' '목적지'와 같은 간단한 단어를 어느 정도 짐작할 수 있어서 대화가 가능했다.

또 '~을 주세요.' '~은 어디예요?' '~이 있어요?'와 같은 극히 간단한 표현만 가지고도 길을 묻고, 가격을 흥정하고, 호텔 방을 바꿔 달라는 정도의 의사소통은 큰 어려움 없이 해결할 수가 있었다. 더욱 신기한 것은 영어를 하면 할수록 점점 자신감이 붙어 얼마 지나지 않아 레스토랑 웨이터나 가이드, 호텔의 벨보이와도 간단한 대화나 농담을 주고받을 수 있게 되었다. 우리는 15일간 차를 타고 모로코의 이곳저곳을 여행하며 다녔는데 여행 통역 담당은 자연스럽게 내가 맡게 되었다.

이렇게 오래 전 이야기를 꺼낸 이유는 결코 잘난 체를 하고 싶어서가 아니다. 여행지에서는 물론이고 소통을 할 때 상대가 무슨 말을 하고 있는지 파악할 수 있는 리스닝 능력과 간단한 표현, 단어를 써서 자신의 생각을 전달하는 회화 능력만 있으면 어떻게든 통한다는 것을 말하고 싶어서다.

여행을 위해서 새로운 표현이나 단어를 외울 필요는 전혀 없다.

나는 이 책에서 전 세계를 방랑하며 얻은 경험 속에서 찾아낸 가장 일반적이고 자연스럽고 쓸모 있는 영어 표현만을 철저하게 축약하여 소개했다. 여행하는 사람이라면 누구나 어디선가 들을 법한 쉽고 흔한 표현들만을 모았다. 영어는 '이게 먹고 싶어.' '그걸 원해.' 이런 흔한 말부터 시작하면 된다. 말하다 보면 분명 통하는 순간을 경험할 것이고, 어느 순간 나에게 딱 와 닿는 단어가 있을 것이다. 바로 그 순간에 경험한 표현이나 단어는 몸으로 익혀져 평생 기억된다.

여행 회화에 꼭 필요한, 반드시 익혀 둬야 하는 표현은 생각보다 많지 않다. 이 책에 소개한 표현만 숙지한다면 세계 어디라도 충분히 자유롭게 여행할 수 있다. 이 책의 표현만 완벽하게 익힌다면 세계 어디를 여행해도 소통하는 데 문제가 전혀 없다고 자신 있게 말할 수 있다.

마지막으로 여행이 끝나도 영어 공부의 끈을 놓지 않기를 당부한다. 여행을 통해 얻은 자신만의 영어를 계속해서 발전시켜야 한다. 책상에 앉아 하는 공부는 이제 그만하고 여행을 즐기면서 경험을 쌓으며 부속으로 영어를 습득하길 바란다.

세계 어디를 가든
이 책 하나만 달랑 들고 가면
말이 통하는 행복이 기다리고 있을 것이다.

로버트 해리스

Robert Harris

Chapter 1

이것만 알아들으면
세계 어디를 가도 문제없다

Chapter 2

이것만 말할 수 있으면
세계 어디를 가도 문제없다

Chapter 3

이것까지도 말할 수 있으면 세계 어디를 가도 문제없다

Chapter 4

인사, 말 걸기, 대답도 이것만 알면 문제없다

Chapter 5

여행중 소통도
이것만알면 문제없다

Column 알아 두면 득이 되는 단어와 표현

MP3 다운로드는 홈페이지에서,
앰버 쌤의 무료 강의는 유튜브에서!

HOME PAGE
www.raspberrybooks.co.kr

YOUTUBE
검색창에 영어 따위 문제없다로 검색

이 책은 저자가 전 세계를 방랑하며 얻은 경험 속에서 찾아낸 가장 일반적이고 자연스럽고 쓸모 있는 영어 표현만을 철저하게 축약하여 소개한 책입니다. 여행 가기 전에든 일상에서든 여행지에서든 다운로드한 파일을 꾸준히 들으며 활용해 보세요.

Chapter 1

이것만 알아들으면 세계 어디를 가도 문제없다

여행을 다니면서 꼭 알아들어야 하는 표현은 정해져 있습니다.

특히 외국에서 교통 기관이나 세관, 호텔, 그리고 음식점 등을 이용할 때 자주 듣는 질문은 매우 한정되어 있는 편입니다. 바꿔 말해서 어느 정도 패턴화된 질문에 익숙해진다면 여행지에서 의사소통의 어려움쯤은 충분히 이겨낼 수 있다는 뜻이지요.

여행을 떠나기 전, 여기에서 소개하는 질문 유형을 반복해서 듣고 바로 답할 수 있도록 연습해 보세요.

또 여행하면서 만나는 사람들과 일상적인 대화를 나누게 될 기회도 있을 거예요. 그때마다 모든 대화의 기본은 듣기와 대답하기라는 걸 잊지 마세요!

공항 체크인 카운터에서

Airport

췌킹 인
Checking in?

왓츠 유어 데스티네이션
What's your destination?

하우 매니 피플
How many people? /
하우 매니 오브 유 투 췌킨
How many of you to check in?

유어 패스폴트 앤 티킷
Your passport and ticket,
플리즈
please. /
크쥬 쑈 미 유어 티킷
Could you show me your ticket
앤 패스폴트
and passport?

뢰절베이션 넘버 플리즈
Reservation number, please.

디스 플라잇 이즈 오벌북트
This flight is overbooked.
위아 룩킹 포 썸원
We're looking for someone
후 벌런티얼스 포러 레이러 플라잇
who volunteers for a later flight.
우쥬 마인드 테이킹 어 레이러
Would you mind taking a later
플라잇
flight?

탑승 수속하시겠어요?

대답 **Yes.** (네. p.146) / **Yes, check in, please.** (p.60)

행선지가 어디입니까?

대답 **Los Angeles.** (로스엔젤레스요.) / **London.** / **Sydney.**

몇 분이세요? / 몇 분이 탑승 수속을 하시나요?

대답 **Just myself.** (저 혼자예요.) / **Two.** (두 명이에요.) / **We are three.** (세 명이에요.)

여권과 티켓을 보여 주세요. / 여권과 티켓을 보여 주시겠어요?

대답 **Sure.** (여기요. p.148) / **Here you are.** / **Here it is.** (여기 있어요. p.154)

예약 번호 부탁해요. * 티켓레스로 예약한 경우

대답 **Sure.** ('여기요.'라고 말하고 서류를 보여 준다.) (p.148) / **Here you are.** ('여기 있어요.'라고 말하고 서류를 보여 준다.) (p.154) / **The number is ~.** (번호는 ~예요.)

이 비행기는 예약이 초과됐습니다. 다음 항공편을 이용해 주실 분을 찾고 있어요. 그렇게 해 주실 수 있으신가요?

대답 **No problem.** (네, 그러죠. p.176) / **I'm sorry, but I would rather not.** (미안해요, 그건 좀 어려워요.) / **What is the compensation?** (보상이 뭐죠? p.118)

위 캔 기뷰 어 투헌드레드달러스 플라잇
We can give you a $200 flight
쿠폰 위치 유 캔 유즈 포
coupon which you can use for
유어 퓨철 트립
your future trip.

애니 배기쥐 투 췌킨
Any baggage to check in?

두 유 캐리 댓 백 온 더
Do you carry that bag on the
플래인
plane?

크쥬 풋 댐 히얼
Could you put them here? /
풋 댐 히얼 플리즈
Put them here, please.

위치 씨트 우쥴라잌
Which seat would you like,
윈도우 ↗ 오얼 아일 ↘
window or aisle? /
윈도우 ↗ 오얼 아일 ↘
Window or aisle?

* 위의 문장에 표시된 것처럼 or 앞의 단어는 올려서 읽고, 뒤의 단어는 내려서 읽는 것이 맞지만 원어민들이 일상적으로 말할 때는 문맥에 따라서 달라지기도 합니다.

히얼 이즈 유어 보딩 패스
Here is your boarding pass.
배기쥐 클레임 택스 아 어태치드
Baggage claim tags are attached.

율 보드 앳 게이트 포
You'll board at gate 4.

다음 여행에 이용하실 수 있는 200달러 항공 쿠폰을 드립니다.

대답 **(That) Sounds good.** (괜찮네요.) / **All right.** (알겠어요. p.152) / **I see.** (그렇군요. p.160) / **Thanks.** (p.166)

부칠 짐이 있으세요?

대답 **Here you are.** (p.154) / **(I have) No baggage to check in.** (부칠 짐은 없어요.) / **(I have) Two pieces.** (두 개 있어요.)

그 짐은 기내에 들고 가십니까?

대답 **Yes, I do.** / **Yes.** (p.146)

여기에 놓아 주시겠어요? / 여기에 놓아 주세요.

대답 **Sure.** (p.148) / **Here.** (p.154) / **Here you are.** (p.154)

자리는 창가와 통로, 어느 쪽이 좋으세요? / 창가, 통로 중 어느 쪽으로 하실래요?

대답 **I'd like an aisle seat.** (통로 자리가 좋아요. p.76) / **An aisle seat, please.** (통로 자리로 부탁드려요. p.60) / **Either will do.** (아무거나 괜찮아요. p.228)

탑승권 여기 있습니다. 수화물 보관표가 첨부되어 있습니다.

대답 **All right, thank you.** (p.152) / **All right.** (p.152) / **Thanks.** (p.166)

4번 게이트에서 탑승하세요.

대답 **All right, thank you.** (p.152) / **All right.** (p.152) / **Thanks.** (p.166)

공항 보안 검색대에서

Airport

유어 패스폴트 앤 보딩
Your passport and boarding
패스 플리즈
pass, please.

플리즈 테이카웃 유어 매들
Please take out your metal
아이덤즈 앤 풋 댐 인 디스 박스
items and put them in this box/
빈
bin.

뤼무브 유어 슈즈 앤 풋
Remove your shoes and put
댐 인 댓 박스 빈
them in that box/bin.

풋 유어 백 온 디 엑스 뤠이
Put your bag on the X-ray
머쉰
machine.

테이큐어 랩탑 앤 비디오
Take your laptop and video
캐머라 아우로브 데얼 캐이시즈 앤
camera out of their cases and
플레이스 댐 이너 박스 빈
place them in a box/bin.

테이코프 올 아우러 코우츠 재킷츠
Take off all outer coats, jackets
앤 블레이저스 앤 풋 댐 인 더
and blazers and put them in the
박스 빈 플리즈
box/bin, please.

여권과 탑승권을 보여 주세요.

대답 **Sure.** (여기요. p.148) / **Here you are.** / **Here it is.** (여기 있어요. p.154)

금속 제품은 꺼내서 이 상자/통 안에 넣어 주세요.

대답 **Sure.** (p.148) / **All right.** (p.152) / **OK.** (p.146)

신발을 벗어서 저쪽 상자/통 안에 넣어 주세요.

대답 **Sure.** (p.148) / **All right.** (p.152) / **OK.** (p.146)

가방은 X선 검사 장치 위에 놓아 주세요.

대답 **Sure.** (p.148) / **All right.** (p.152) / **OK.** (p.146)

노트북 컴퓨터와 비디오카메라는 가방에서 꺼낸 후 상자/통 안에 넣어 주세요.

대답 **Sure.** (p.148) / **All right.** (p.152) / **OK.** (p.146)

모든 코트, 재킷류는 벗어서 상자/통 안에 넣어 주세요.

대답 **Sure.** (p.148) / **All right.** (p.152) / **OK.** (p.146)

유 캔 해버 커먼 라이러
You can have a common lighter
위드 유 온 유어 펄슨 오얼 인
with you on your person or in
유어 캐리 온 배기쥐
your carry-on baggage.

애니 리퀴드
Any liquid?

올 리퀴즈 젤스 앤 애어러설스
All liquids, gels and aerosols
머스트 비 인 쓰리 포인트 포 아운시즈 원헌드레드 밀리리덜스
must be in 3.4 ounces (100ml)
오얼 스몰러 컨테이너스
or smaller containers.

올 리퀴즈 젤스 앤 애어러설스
All liquids, gels and aerosols
머스트 비 플레이스드 이너 씽글
must be placed in a single,
쿼트 싸이즈 집 탑 클리어 플래스틱
quart-size, zip-top, clear plastic
백
bag.

나우 플리즈 고 쓰루 더
Now please go through the
매들 디텍터
metal detector.

애니씽 인 유어 파킷츠
Anything in your pockets?

푸릿 히얼 플리즈 고 쓰루
Put it here, please go through
어겐
again.

라이터는 한 분당 하나씩만 몸에 지니거나 기내 휴대용 수화물 안에 반입할 수 있습니다.

대답 **Oh, can I?** (아, 반입이 되나요? p.156) / **All right.** (p.152) / **OK.** (p.146)

액체로 된 것을 가지고 있나요?

대답 **No, nothing.** (아니요, 아무것도 없어요. p.146) / **Yes.** (네. p.146) / **Here you are.** (p.154)

모든 액체, 젤 상태의 것, 스프레이 종류는 100ml 이하의 용기에 담아 주셔야 합니다.

대답 **All right.** (p.152) / **OK.** (p.146)

모든 액체, 젤 상태의 것, 스프레이 종류는 1l 정도 되는 하나의 투명한 지퍼백 안에 넣어 주셔야 합니다.

대답 **All right.** (p.152) / **OK.** (p.146)

이제 금속 탐지기를 통과해 주세요.

대답 **All right.** (p.152) / **OK, I will.** (네, 그럴게요. p.146)

주머니 안에 뭐가 들어 있나요?

대답 **Here.** (p.154) / **Here you are.** (p.154) / **Oh, I have keys.** (앗, 열쇠가 들어 있네요.)

그것은 여기에 놓고, 다시 한번 통과해 주세요.

대답 **All right.** (p.152) / **OK.** (p.146)

기내에서

Airplane

크쥬 쑈 미 유어
Could you show me your
보딩 패스 플리즈
boarding pass, please? /
유어 보딩 패스 플리즈
Your boarding pass, please?

플리즈 고 얼롱 디스 아일
Please go along this aisle. /
디스 웨이 플리즈
This way, please.

우쥬 케얼 포러 드링크
Would you care for a drink? /
우쥴라잌 썸씽 투
Would you like something to
드링크
drink? /
애니씽 투 드링크
Anything to drink?

티 오얼 커피
Tea or coffee?

크림 앤 슈거
Cream and sugar?

* 커피에 크림이 들었는지, 안 들었는지를 물을 때 Black or white?라고 말할 수 있다

위치 우쥴라잌 비프 ↗
Which would you like, beef,
취킨 ↗ 오얼 피쉬 ↘
chicken or fish? /
비프 ↗ 취킨 ↗ 오얼 피쉬 ↘
Beef, chicken or fish?

탑승권을 보여 주시겠습니까?(자리를 아세요?) / 탑승권 좀 부탁해요.

대답 **Yes.** (네. p.146) / **Here.** (여기요. p.154) / **Here you are.** (여기 있어요. p.154)

이쪽 통로로 가세요. / 이쪽으로 가세요.

대답 **All right.** (p.152) / **OK.** (p.146) / **Thanks.** (p.166)

음료 좀 드릴까요?(음료를 드시겠어요?)

대답 **I'd like some coffee.** (커피 주세요. p.76) / **I'd like orange juice.** (p.76) / **Water, please.** (p.60)

홍차나 커피, 어떤 걸로 하시겠어요?

대답 **Coffee, please.** (p.60) / **Tea, please.** (p.62) / **No, thank you.** (아니요, 괜찮습니다. p.166)

크림과 설탕, 필요하세요?

대답 **Both, please.** (둘 다 부탁해요.) / **Just black.** (블랙으로 마실게요.) / **Just cream, please.** (크림만 부탁해요. p.60)

소고기, 닭고기, 생선 중 어느 것을 원하세요?

대답 **I'd like beef.** (소고기로 할게요. p.76) / **Beef, please.** (p.62) / **Chicken, please.** (p.62)

하우 어바웃 썸 디절트 ↘
How about some dessert?

아 유 피니쉬드
Are you finished?

캔 아이 테잌 디스
Can I take this?

플리즈 폴드 유어 테이블 어웨이
Please fold your table away.

플리즈 푸쉬 백 유어 트레이 테이블 풋 유어 트레이 테이블 업 플리즈
Please push back your tray table. / Put your tray table up, please.

우쥴라잌 애니 두리 프리 아이덤즈
Would you like any duty-free items?

두 유 해번 이머그래이션 카드 애너 커스텀즈 데클러레이션 폼
Do you have an immigration card and a customs declaration form?

디저트 좀 드릴까요?

대답 **Yes, please.** (네, 주세요.) / **(That) Sounds good.** (좋아요.) / **No, thank you.** (p.166) / **What kind of dessert do you have?** (디저트는 어떤 것들이 있나요? p.120)

식사는 끝나셨어요?

대답 **Yes.** (p.146) / **Yes, could you take this away?** (네, 이것 좀 치워 주시겠어요?) / **Not yet.** (아니요, 아직이에요. p.178)

이거 치워도 될까요?

대답 **Sure.** (네. p.148) / **No, I've not finished yet.** (아니요, 아직 다 못 먹었어요. p.178) / **Could you come back later?** (나중에 다시 와 주실래요? p.104)

테이블을 접어 주세요.

대답 **Sure.** (p.148) / **All right.** (p.152) / **OK.** (p.146)

테이블을 원래 위치로 되돌려 주세요. / 테이블을 원래 위치대로 세워 주세요.

대답 **Sure.** (p.148) / **All right.** (p.152) / **OK.** (p.146)

면세품을 사시겠습니까?

대답 **Do you have any Old Parr?** (올드파가 있나요? p.84) / **I'll have this one.** (상품을 가리키며) (이거 주세요. p.132) / **How much is it?** (그거 얼마인가요? p.124)

입국 신고서와 세관 신고서는 가지고 계세요?

대답 **Yes, I have both.** (네, 둘 다 있습니다.) / **Could I have an immigration card?** (입국 신고서를 받을 수 있을까요? p.72) / **Immigration card, please.** (입국 신고서를 부탁합니다. p.60)

크쥬 풀 다운 더 쉐이드 플리즈
Could you pull down the shade, please? /
크쥬 풀 더 쉐이(드) 다운
Could you pull the shade down?

크쥬 풋 더 씨트 백
Could you put the seat back?

풋 유어 씨트 백 업롸잇 플리즈
Put your seat back upright, please.

페슨 유어 씨트 벨트 플리즈
Fasten your seat belt, please.

공항 입국 심사대에서

Airport

패스폴트 플리즈
Passport, please.

하울롱 윌 유 스테이 ↘
How long will you stay? /
하울롱 아 유 고잉 투 스테이 ↘
How long are you going to stay?

차양을 좀 내려 주시겠어요?

대답 **Sure.** (p.148) / **All right.** (p.152) / **OK.** (p.146)

좌석을 원래 위치로 해 주시겠어요?

대답 **Sure.** (p.148) / **All right.** (p.152) / **OK.** (p.146)

좌석을 바로 세워 주세요.

대답 **Sure.** (p.148) / **All right.** (p.152) / **OK.** (p.146)

안전벨트를 매 주세요.

대답 **Sure.** (p.148) / **All right.** (p.152) / **OK.** (p.146)

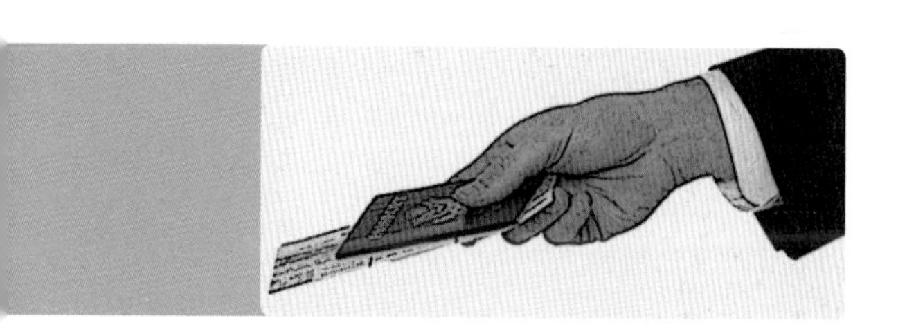

여권을 보여 주세요.

대답 **Sure.** (네. p.148) / **Here.** / **Here you are.** (여기 있습니다. p.154)

얼마 동안 머무실 예정인가요?

대답 **For five days.** (5일간이요.) / **About one week.** (약 1주일이요.) / **For a month.** (한 달간이요.)

웨얼 아 유 스테잉 ↘
Where are you staying? /
웨얼 아 유 고잉 투 스테이 ↘
Where are you going to stay?

이즈 디스 유어 펄스트 비짓 히얼
Is this your first visit here?

왓 포 ↘
What for? /
와리즈 더 펄포즈 오브 유어
What is the purpose of your
비짓 ↘
visit?

와리즈 유어 비즈니스 ↘
What is your business? /
와리즈 유어 아큐페이션 ↘
What is your occupation?

풋 유어 인덱스 핑걸스 히얼 포
Put your index fingers here for
스캐닝 프롬 더 롸잇 오케이
scanning. From the right. OK,
덴 더 레프트
then, the left.

룩킨투 더 캐머라 플리즈
Look into the camera, please.

Column 1 알아 두면 득이 되는 단어와 표현

직업

~(회사 등)에서 일하다	월크 포 어 컴퍼니 앤 쏘 온 **work for ~ (a company and so on)**
회사원	오피스 월커 **office worker**
회사 임원	컴퍼니 이그젝큐티브 **company executive**
회사 경영자	컴퍼니 오우너 **company owner**

어디에서 머무실 건가요?

대답 **ABC Hotel. / I'm staying at the ABC Hotel.**
(ABC 호텔에서 묵을 거예요.)

첫 방문이신가요?

대답 **Yes.** (p.146) / **Second time.** (두 번째요.)

무엇 때문에 오셨나요? / 방문 목적이 무엇인가요?

대답 **Sightseeing.** (관광이요.) / **Pleasure.** (놀러 왔어요.)

직업이 무엇입니까?

대답 **Office worker.** (회사원이에요.) / **Civil servant.**
(공무원이에요.) / **Teacher.** (교사예요.)

이쪽에 검지 손가락을 올려 주세요. 지문 체크를 하겠습니다. 오른쪽부터요. 네, 됐습니다. 다음은 왼쪽이요.

* 미국 입국 시에는 지문 스캔과 얼굴 촬영을 한다.

대답 **Sure.** (p.148) / **All right.** (p.152) / **OK.** (p.146)

카메라를 봐 주세요.

대답 **Sure.** (p.148) / **All right.** (p.152) / **OK.** (p.146)

공무원	퍼블릭 씨블 썰번트 **public/civil servant**
프리랜서	프리 랜서 **free-lancer**
계약직 사원	컨트랙티드 임플로이 **contracted employee**
실직 중인	아우로브 웕크 **out of work**
퇴직한	뤼타이얼드 **retired**
학생	스뚜던트 **student**
주부	하우스와이프 **housewife**

환전소에서

Exchange cou

하우 머취 두 유 원 투 익스췌인지 ↘
How much do you want to exchange? /
하우 머취 우쥴라잌 투 췌인지 ↘
How much would you like to change?

하우 두 유 라이킷 ↘
How do you like it? /
하우 우쥴라이킷 ↘
How would you like it?

라지 ↗ 오얼 스몰 빌스 ↘
Large or small bills?

쑈 미 유어 아이디 플리즈
Show me your ID, please.

플리즈 싸인 히얼
Please sign here. /
플리즈 풋 유어 씨그니춸 히얼
Please put your signature here.

플리즈 췍 디 어마운트
Please check the amount.

얼마나 환전하실 건가요?

대답 **I'd like to change five hundred thousand won into dollars.** (50만 원을 달러로 바꾸고 싶은데요. p.76) / **Five hundred thousand won into dollars.** (50만 원을 달러로요.)

어떻게 환전해 드릴까요?

대답 **Would you give that to me in twenty-dollar bills?** (20달러 지폐로 바꿔 주시겠어요? p.104) / **Could you include some small change?** (잔돈도 좀 섞어 주시겠어요? p.104) / **Twenty-dollar bills, please.** (20달러 지폐로 부탁합니다. p.65)

고액권으로 하시겠습니까? 소액권으로 하시겠습니까?

대답 **Large bills, please.** (고액권으로 부탁해요. p.64) / **Small bills, please.** (소액권으로 부탁해요. p.64) / **Both.** (둘 다요.)

신분증을 보여 주세요.

대답 **Yes.** (네. p.146) / **Here.** / **Here you are.** (여기 있습니다. p.154)

여기에 서명해 주세요.

대답 **Sure.** (p.148) / **All right.** (p.152) / **OK.** (p.146)

금액을 확인해 주세요.

대답 (확인 후) **Sure.** / **This is all right.** (네, 맞네요. p.152) / **Fine.** (p.148)

택시 안에서

Taxi

웨얼 우쥬라익 투 고 ↘
Where would you like to go?/
웨얼 투 ↘
Where to?

위치 원 ↘ 데어라 쓰리 인
Which one? There are three in
디스 타운
this town.

유 노우 하우 투 겟 데얼 롸잇
You know how to get there, right?

두 유 해버 맵 오얼
Do you have a map or
썸씽
something?

디스 스트릿 올웨이즈 해저
This street always has a
트래픽 잼 캔 아이 테익 어나덜
traffic jam. Can I take another
루트
route?

웨얼 두 유 원 미 투 풀 업
Where do you want me to pull up?

더메스틱 ↗ 오얼 인터내셔널 ↘
Domestic or international?

* 공항으로 향하는 경우 기사가 터미널을 확인하기 위해 이런 질문을 하는 경우가 많다.

어디까지 가세요?

대답 **ABC Hotel, please. / To the ABC Hotel, please.** (p.64) / **To this address, please.** (종이를 보여 주면서) (이 주소까지 부탁해요. p.64)

어느 (ABC) 호텔 말씀이세요? 이 동네에 세 군데가 있어서요.

대답 **ABC Hotel on Fifth Avenue.** (5번가에 있는 ABC 호텔이에요.)

가는 방법, 알고 계세요?

대답 **Here is the map.** (여기 지도가 있어요.)

지도 같은 거 가지고 계세요?

대답 **Here.** (p.154) / **Here you are.** (p.154) / **Here is the phone number. Please call them and ask for the direction.** (이게 전화번호예요. 전화를 걸어서 길을 물어봐 주세요.)

이 길은 항상 막혀요. 다른 길로 가도 되겠어요?

대답 **Sure.** (p.148) / **No problem.** (p.176) / **It's up to you.** (알아서 해 주세요. p.226)

어디에서 세울까요?

대답 **Anywhere will do.** (어디라도 상관없어요. p.228) / **Here is fine.** (여기가 좋겠네요. p.230)

국내선인가요? 국제선인가요?

대답 **Domestic.** (국내선입니다.) / **International.** (국제선입니다.)

위치 에얼라인
Which airline?

히얼 위 아
Here we are.

더 페얼 이즈 투웰브 달러스
The fare is twelve dollars. /
투웰브 달러스
Twelve dollars.

히얼 이즈 에잇 달러스 인 췌인지
Here is eight dollars in change. /
에잇 달러스 인 췌인지
Eight dollars in change.

렌터카 대여점에서

Rent-a-ca

하이 하우 아 유 투데이
Hi. How are you today?

왓 카인드 타입 오브 카 우쥴
What kind/type of car would you
라잌
like?

어느 항공사인가요?

대답 ~ Airline.

도착했습니다.

대답 Thanks. (p.166) / How much is it? (얼마인가요? p.124)

요금은 12달러입니다. / 12달러입니다.

대답 Here you are. (돈을 내밀면서) (네, 여기 있습니다. p.154) / Keep the change. (잔돈은 필요 없습니다.) / Here. ~ dollars back, please. (여기 있습니다. 잔돈은 ~달러로 주시면 됩니다.)

잔돈 8달러 여기 있습니다. / 잔돈 8달러예요.

대답 Thank you. (p.166) / Keep the change. / ~ dollars back, please.

안녕하세요.

대답 Hi. (p.138) / Fine. / Good. (p.150)

어떤 종류의 차를 원하시나요?

대답 A compact car, I think. (소형차로 할까 해요.) / A mid-sized car, please. (중형차로 부탁합니다. p.64) / I'd like an automatic car. (오토매틱 차로 할게요.) / I need a car with navigation system. (내비게이션이 달린 차가 필요해요. p.134)

하우 어바웃
How about ～?

어 미디엄 싸이즈드 카 코스츠 어바웃
A medium-sized car costs about
투웬티 달러스 모얼 펄 데이
twenty dollars more per day.

두 유 원 풀 커버
Do you want full-cover
인슈어런스
insurance?

두 유 바이 더 퓨얼 옵션 ↗ 오얼
Do you buy the fuel option or
뤼필 유어셀프 ↘
refill yourself?

위 캔 오펄 유 어 프리 업그레이드
We can offer you a free upgrade
투 어 풀 싸이즈드 카
to a full-sized car.

웨얼 윌 유 비 스테잉 ↘
Where will you be staying?

캔 아이 해브 유어 드라이벌스 라이선스
Can I have your driver's license
앤 크레딧 카드
and credit card?

~(차종)은 어떤가요?

대답 **That would be fine.** (그것도 괜찮아요. p.148) / **Sounds good.** (좋은 것 같네요.) / **Do you have anything else?** (다른 것도 있나요? p.84)

중형차는 하루에 약 20달러 더 추가됩니다.

대답 (확인 후) **All right.** (p.152) / **Fine.** (p.148)

종합 보험을 원하세요?

대답 **Yes.** (p.146) / **Yes, I do.** / **I'd like to take all of the insurance options.** (모든 보험 옵션을 들고 싶어요. p.78)

연료비 선지불을 이용하시겠어요? 아니면 연료를 다시 채워서 주시겠어요?

대답 **I'll buy the fuel option.** (연료비 선지불로 할게요. p.132) / **I'll refill the gas by myself.** (제가 기름을 채울게요. p.132)

고객님께 대형차 무료 업그레이드를 제공해 드릴 수 있습니다.

대답 **(That) Sounds good.** (그거 좋네요.) / **Can you?** (그래요? p.156) / **No, thank you.** (아니요, 괜찮습니다. p.166)

어디에 묵으실 건가요?

대답 **ABC Hotel.** / **At the ABC Hotel.** / **I'll be staying at the ABC Hotel.** (ABC 호텔에 묵을 겁니다. p.132)

면허증과 신용 카드를 주시겠어요?

대답 **Sure.** (p.148) / **Here.** / **Here you are.** (여기 있어요. p.154)

하울롱 디쥬 플래논
How long did you plan on
키핑 디스 ↘
keeping this?

웨얼 윌 유 뤼턴 더 카 ↘
Where will you return the car?

댓 우드 코스츄 써리투달러스앤 나인티나인센츠 어
That would cost you $32.99 a
데이 언리미디드 마일리지
day, unlimited mileage.

더 데일리 뤠잇 이즈 포리퐈이브피프티나인 플러스
The daily rate is 45.59, plus
피프틴 센츠 어 마일
fifteen cents a mile.

두 유 니드 썸 인슈어런스
Do you need some insurance?
잇츠 씩스 달러스 어 데이
It's six dollars a day.

잇 커벌즈 더 카 포 데미지즈
It covers the car for damages
앤 쎄프트
and theft.

플리즈 프린트 유어 네임 히얼
Please print your name here.

얼마나 이용할 예정이세요?

대답 **I'd like to rent it for three days.** (3일간 빌리고 싶어요. p.78) / **For three days.** / **Three days.**

차 반환은 어디에서 하실 건가요?

대답 **To this location.** (여기서요.) / **I will drop it off in San Francisco.** (샌프란시스코에서 돌려 드릴 거예요.)

주행거리에 관계없이 1일당 32달러 99센트예요.

대답 **All right.** (p.152) / **Fine.** (p.148) / **Does this fee include insurance tax?** (그것은 보험료 포함 요금인가요?)

1일당 45달러 59센트이고, 1마일당 15센트 추가됩니다.

대답 **All right.** (p.152) / **Fine.** (p.148) / **Does this fee include insurance tax?**

보험에 드실 건가요? 1일당 6달러인데요.

대답 **Yes.** (p.146) / **No, I don't.** (아니요, 됐습니다.) / **I'd like to take all of the insurance options.** (모든 보험 옵션을 들어 주세요. p.78)

이 보험은 차량 파손과 도난에 대해 보장해 줍니다.

대답 **All right.** (p.152) / **I see.** (알겠습니다. p.160)

여기에 이름을 정자로 써 주세요.

대답 **Sure.** (p.148) * print라는 지시가 있을 때는 필기체로 쓰면 안 된다.

거리에서

Street

익스큐즈 미 크쥬 텔 미

Excuse me, could you tell me

웨얼 씩스틴피프틴 아이다호 스트릿 이즈

where 1615 Idaho Street is?

* 미국 주소에는 도로명과 번지수가 나오는데 우리와는 반대로 번지수를 먼저 쓰고 도로명을 뒤에 쓴다.

캔 유 디렉트 미 투 더

Can you direct me to the

스테이션

station? /

크쥬 텔 미 하우 투 겟 투

Could you tell me how to get to

더 스테이션

the station?

윌 유 텔 미 더 웨이 투 더

Will you tell me the way to the

힐튼 호텔

Hilton Hotel?

이즈 애비 로드 니얼 히얼

Is Abby Road near here?

실례지만, 아이다호 스트릿 1615번지가 어디인가요?

대답 I'm sorry, I don't know. (미안하지만, 잘 모르겠어요.) / I'm afraid I'm a stranger around here. (죄송하지만 저도 이 근처는 잘 몰라서요.) / Ask someone else, please. (다른 사람에게 물어 보세요.)

역으로 가는 길 좀 알려 주시겠어요?

대답 I'm sorry, I don't know. / I'm afraid I'm a stranger around here. / Ask someone else, please.

힐튼 호텔까지 어떻게 가야 하는지 알려 주시겠어요?

대답 I'm sorry, I don't know. / I'm afraid I'm a stranger around here. / Ask someone else, please.

애비 로드가 이 근처인가요?

대답 I'm sorry, I don't know. / I'm afraid I'm a stranger around here. / Ask someone else, please.

익스큐즈 미 크쥬 텔 미
Excuse me, could you tell me
왓 타임 이리즈
what time it is? /
두 유 해픈 투 노우 왓
Do you happen to know what
타임 이리즈
time it is?

메이 아이 해버 씨가렛 플리즈
May I have a cigarette, please? /
캔 아이 버머 스뫀
Can I bum a smoke?

* bum은 '~을 얻다'라는 뜻의 비격식적인 표현이다.

애니씽 롱
Anything wrong?

호텔에서
Hotel

하이 하우 아 유 투데이
Hi. How are you today?

췌킹 인
Checking in?

두 유 해버 뤠절베이션
Do you have a reservation?

실례지만, 지금 몇 시인지 알 수 있나요? / 혹시 지금 몇 시인지 알고 계신가요?

대답 **Yes, it's five past three.** (네, 3시 5분이에요.) / **Sorry, but I don't know.** (미안하지만, 잘 모르겠어요.)

담배 좀 주실 수 있나요? / 담배 하나만 줄래요?

대답 **Sorry, I don't smoke.** (미안하지만, 담배를 안 피워요.) / **There is only one left. Sorry!** (한 개비밖에 없네요. 미안해요!)

무슨 일 있으세요?

대답 **Nothing.** (아무것도 아니에요.) / **I think I'm lost.** (길을 잃은 것 같아요. p.232)

안녕하세요.

대답 **Hi.** (p.138) / **Fine.** / **Good.** (p.150)

체크인 하시겠어요?

대답 **Yes.** (p.146) / **Yes, my name is Dan Kim. I have a reservation.** (네, 제 이름은 김단입니다. 예약했어요.)

예약하셨어요?

대답 **Yes.** (p.146) / **Yes, I do.** (네, 했어요.) / **No, I don't.** (아니요, 안 했어요.)

메이 아이 해브 유어 네임 플리즈
May I have your name, please?

크쥬 스펠 유어 네임 플리즈
Could you spell your name, please?

메이 아이 해브 유어 크레딧 카드 앤 패스폴트 플리즈
May I have your credit card and passport, please?

필 아웃 디스 카드 플리즈 / 크쥬 필 아웃 디스 뤠지스트레이션 카드 플리즈
Fill out this card, please. / Could you fill out this registration card, please?

아임 어프레이드 유어 룸 이즌 뤠디 옛
I'm afraid your room isn't ready yet.

우쥴라읰 더 벨합 투 테이큐어 러기쥐 업 투 유어 룸
Would you like the bellhop to take your luggage up to your room?

성함을 말씀해 주시겠어요?

대답 **Sure. Dan Kim.** (p.148)

성함의 철자를 말씀해 주시겠어요?

대답 **Sure. D-a-n K-i-m.** (p.148)

신용 카드와 여권을 주시겠어요?

대답 **Sure.** (네. p.148) / **Here you are.** / **Here it is.** (여기 있어요. p.154)

이 카드에 기입해 주세요. / 이 등록 카드에 기입해 주시겠어요?

대답 **Sure.** (p.148) / **All right.** (p.152) / **OK.** (p.146)

죄송하지만 아직 방 준비가 안 되어 있어요.

대답 **No problem.** (괜찮아요. p.176) / **How long is the wait?** (얼마나 기다려야 하나요? p.126) / **Would you keep my luggage till the check-in time?** (체크인까지 짐을 맡겨도 될까요? p.106)

벨보이에게 방까지 짐을 옮기게 할까요?

대답 **Yes, please.** (네, 부탁드려요.) / **No, thank you.** (아니요, 괜찮습니다. p.166) / **No, I think I'm OK.** (아니요, 괜찮아요. p.190)

음식점에서

Restaurant

하이 하우 아 유 투데이

Hi. How are you today?

두 유 해버 뤠절베이션

Do you have a reservation?

하우 매니 피플

How many people?

스모킹 오얼 넌 스모킹

Smoking or non-smoking?

왓 우즐라잌 투 드링크

What would you like to drink?

뤠디 투 오더

Ready to order? /

아 유 뤠디 투 오더

Are you ready to order?

안녕하세요.

대답 **Hi.** (p.138) / **Fine.** / **Good.** (p.150)

예약하셨어요?

대답 **Yes.** (p.146) / **No, I don't have a reservation.** (아니요, 안 했어요.) / **I made the reservation on the Internet.** (인터넷으로 예약했어요.)

몇 분이세요?

대답 **Just myself.** (저 혼자예요.) / **Two.** (두 명이에요.) / **We are three.** (세 명이에요.)

흡연석과 금연석, 어디로 하시겠어요?

대답 **Non-smoking, please.** (금연석으로 부탁해요. p.66) / **Either will do.** (어디라도 상관없어요. p.228)

음료는 뭐로 하시겠어요?

대답 **Could I have the wine list?** (와인 리스트를 주시겠어요? p.72) / **A glass of red wine, please.** (레드와인 한 잔 부탁해요. p.66)

주문 하시겠어요?

대답 **Yes, I'll have a T-bone steak.** (네, 티본스테이크 주세요. p.132) / **Could you give us a little more time, please?** (시간을 좀 더 주시겠어요? p.106) / **What is today's special?** (오늘의 스페셜 메뉴가 뭔가요? p.118)

하우 우쥴라이큐어 스테이크 ↘
How would you like your steak?

애니씽 엘스
Anything else?

이즈 에브리씽 오케이
Is everything OK?

우쥴라잌 투 해버 박스
Would you like to have a box?

하우 윌 유 비 페잉 투데이 ↘
How will you be paying today?

캐쉬 ↗ 오얼 크레딧 카드 ↘
Cash or credit card? /
캐쉬 ↗ 오얼 촬지 ↘
Cash or charge?

스테이크는 어느 정도 익혀 드릴까요?

대답 **Well done, please.** (p.66) / **I'd like it well done.** (웰던으로 해 주세요. p.78)

더 필요한 것 있으신가요?

대답 **That's all.** (그게 다입니다. p.180) / **No, that's it.** (아니요, 그거면 됐어요. p.180) / **No, I'm OK.** (아니요, 됐어요.)

이제 다 되셨나요?(뭔가 필요한 것은 없으세요?)

대답 **Fine.** (괜찮아요. p.148) / **Could I have extra plates?** (접시 하나 더 주시겠어요? p.72) / **Could we have some more bread?** (빵을 좀 더 주시겠어요? p.74)

음식을 싸가시겠어요?

대답 **Yes, please.** (네, 부탁해요.) / **No, thank you.** (아니요, 괜찮습니다. p.166) / **No, I think I'm OK.** (아니요, 괜찮아요. p.190)

계산은 어떻게 하시겠어요?

대답 **I'll pay by credit card.** (신용 카드로 할게요. p.132) / **By cash.** (현금으로요.) / **Credit card.** (신용 카드로요.)

현금으로 계산하시겠어요? 신용 카드로 계산하시겠어요?

대답 **Credit card. / Cash.**

패스트푸드점, 카페에서

Fast-food restauran

메이 아이 헬프 유
May I help you?

왓 우쥴라익 투 해브 ↘
What would you like to have? /
왓 캔 아이 겟 포 유 ↘
What can I get for you?

위드 썸 윕트 크림
With some whipped cream? /
우쥴라익 윕트 크림
Would you like whipped cream?

위치 싸이즈 오브 코크 우쥴
Which size of Coke would you
라잌 ↘ 스몰 ↗ 미디엄 ↗ 오얼 라지 ↘
like? Small, medium or large?

포 히얼 ↗ 오얼 투 고 ↘
For here, or to go?

주문 도와 드릴까요?

대답 **One cheeseburger, please.** (치즈버거 하나 주세요. p.68) / **Could I have a cheeseburger and a cup of coffee?** (치즈버거 하나와 커피 한 잔 주시겠어요? p.74)

뭐 드릴까요?

대답 **One medium-size iced tea, please.** (아이스티 중간 사이즈 주세요. p.68) / **I'd like a large cappuccino.** (카푸치노 큰 사이즈 주세요. p.80)

휘핑크림 얹을까요?

대답 **Yes, please.** (네, 부탁드려요.) / **No, thank you.** (아니요, 괜찮아요. p.166) / **Yes, a lot.** (네, 많이요.)

콜라 사이즈는 작은 것, 중간 것, 큰 것 중 어떤 것으로 하시겠어요?

대답 **Medium, please.** (중간 걸로 주세요. p.68) / **I'd like medium.**

여기서 드시겠어요? 아니면 가져가시겠어요?

대답 **Here will be fine.** (여기서 먹을게요.) / **For here.** (여기서요. p.68) / **To go.** (가져갈게요. p.68)

쉘 아이 웜 디스 머핀
Shall I warm this muffin?

왓 우쥴라익 온 유어 햄버거스
What would you like on your hamburgers?

* 우리말의 '토핑'에 해당하는 단어 topping이 있고 실제 요거트 가게 등에서 topping을 사용하지만 패스트푸드점에서 햄버거에 어떤 토핑을 추가할 것인지 물을 때는 이렇게 표현한다.

우쥴라익 마일드 미디엄 오얼 핫 쏘스
Would you like mild, medium or hot sauce?

* 멕시코 음식점에 가면 소스의 매운 정도를 어떻게 할지에 대해 꼭 물어 본다.

우쥴라익 머스탈드 앤 케첩
Would you like mustard and ketchup?

머스탈드 앤 케첩 아 데얼 플리즈 핼프 유어셀프
Mustard and ketchup are there. Please help yourself.

애니씽 엘스
Anything else?

댓일 비 쓰리 달러스 히얼 유 아
That'll be three dollars. Here you are.

이 머핀을 데워 드릴까요?

대답 **Yes, please.** (네, 부탁드려요.) / **No, that's OK.** (아니요, 됐어요.) / **Yes, a bit.** (네, 조금만요.)

햄버거 토핑은 무엇으로 하시겠어요?

대답 **With everything on it.** (전부 올려 주세요.) / **Without onions, please.** (양파만 빼 주세요. p.68)

소스는 순한맛, 중간맛, 매운맛 중 어느 것을 원하세요?

대답 **I'd like medium.** (중간맛으로 할게요.) / **Medium, please.** (중간맛으로요.)

머스터드와 케첩도 드릴까요?

대답 **Yes, please.** (네, 부탁드려요.) / **Just mustard, please.** (머스터드만요.) / **Just ketchup, please.** (케첩만요.)

머스터드와 케첩은 저쪽에 있어요. 직접 가져다 드시면 돼요.

대답 **All right.** (p.152) / **OK.** (p.146)

다른 거 필요한 건 없으세요?

대답 **That's all.** (그거면 돼요. p.180) / **No, that's it.** (아니요, 그거면 됐어요. p.180)

총 3달러입니다. 여기 있어요.

대답 **Thank you.** / **Thanks.** (p.166)

쇼핑하면서

Shopping

메이 아이 헬프 유
May I help you?

아 유 룩킹 포 애니씽
Are you looking for anything
스페스픽
specific? /
아 유 룩킹 포 애니씽
Are you looking for anything
파티큘러
particular? /
아 유 룩킹 포 썸씽
Are you looking for something?

댓 룩쓰 굳 온 유
That looks good on you.

우쥴라이커 페이펄 백
Would you like a paper bag/
플래스틱 백
plastic bag?

페이펄 ↗ 오얼 플래스틱 ↘
Paper or plastic? /
페이펄 백 ↗ 오얼 플래스틱 백 ↘
Paper bag or plastic bag?

데빗 ↗ 오얼 크레딧 ↘
Debit or credit?

* 미국 등의 나라에서 카드를 낼 때 직불 카드인지 신용 카드인지를 물어 보는 경우가 있다. 만일 신용 카드라면 간단히 Credit.이라고 대답하면 된다.

도와 드릴까요?

대답 **Just looking.** (보기만 할 거예요. p.194) / **Yes, would you show me the bag in the window?** (네, 진열된 가방을 보여 주시겠어요? p.106) / **Yes, I'm looking for jackets.** (네, 재킷을 찾고 있어요. p.90)

구체적으로 찾는 게 있으신가요? / 특별히 찾는 게 있으신가요? / 찾는 게 있으신가요?

대답 **No, I'm just looking.** (p.194) / **Yes, I'm looking for liquor.** (네, 술을 찾고 있어요. p.88)

잘 어울리시네요.

대답 **Really?** (정말이요? p.158) / **Thanks.** (p.166)

종이봉투/비닐봉지를 드릴까요?

대답 **Yes, please.** (네, 부탁드려요.) **I'd like a plastic bag.** (비닐봉지로 주세요. p.82)

종이봉투가 좋으세요? 비닐봉지가 좋으세요?

대답 **Paper. / Paper bag, please.** (p.70)

현금(직불) 카드로 하시겠어요? 신용 카드로 하시겠어요?

대답 **Credit.** (신용 카드로요.) / **Credit, please.** (신용 카드로 부탁드려요.)

매표소에서

Ticket cou

메이 아이 헬프 유
May I help you?

우쥴라잌 더 맷네 ↗ 오얼
Would you like the matinee or
디 이브닝 쇼 ↘
the evening show?

* matinee: 낮 공연

위 해브 썸 씨츠 인 디
We have some seats in the
올케스트라 앤 더 매저닌
orchestra and the mezzanine.

* orchestra: 1층석 mezzanine: 2층석(각각 first floor, second floor라고 말해도 된다.)

디 올케스트라 아 세븐티
The orchestra are seventy
달러스 앤 더 매저닌 아
dollars and the mezzanine are
피프티 퐈이브 달러스
fifty-five dollars.

위 해브 투 씨츠 투게덜 인
We have two seats together in
더 발코니
the balcony.

* balcony: 3층석(third floor라고 말해도 된다.)

하우 윌 유 비 페잉 ↘
How will you be paying?

도와 드릴까요?

대답 **Yes, do you have any tickets for tonight?** (네, 오늘 밤 티켓이 있나요? p.86) / **Yes, do you have any tickets for tomorrow night?** (네, 내일 밤 티켓이 있나요? p.86)

낮 공연과 저녁 공연, 어느 쪽을 원하세요?

대답 **I'd like the matinee.** (낮 공연으로 할게요.) / **The evening show.** (저녁 공연이요.)

1층과 2층에 몇 개의 좌석이 있습니다.

대답 **How much are they?** (얼마인가요? p.124)

1층석은 70달러, 2층석은 55달러예요.

대답 **I'll buy an orchestra.** (1층석으로 할게요. p.132) / **An orchestra, please.** (p.70)

3층에 이어진 두 자리가 있어요.

대답 **Do you? I'll have one.** (그래요? 그 자리로 주세요. p.156, p.132) / **How much are they?** (p.124)

계산은 어떻게 하시겠어요?

대답 **I'll pay by credit card.** (신용 카드로 낼게요. p.132) / **By cash.** (현금으로요.) / **Credit card.** (신용 카드로요.)

도얼스 오픈 앳 쎄븐 피엠
Doors open at 7 p.m.

Column 2 알아 두면 득이 되는 단어와 표현

돈(미국 달러)

〈동전=coin〉 (코인)

1센트
원 센트 페니
one cent/penny

5센트
파이브 센츠 닉컬
five cents/nickel

10센트
텐 센츠 다임
ten cents/dime

25센트
투웬티 파이브 센츠 쿼러
twenty five cents/quarter

* 이 밖에 50센트(fifty cents/half dollar) 동전과 100센트(one hundred cents/one dollar) 동전이 있다.

기호 $ **1 dollar=100 cents**

$5.35

파이브 달러스 앤 써리 파이브 센츠
five dollars (and) thirty-five (cents) /

파이브 써리 파이브
five thirty-five

$10.42

텐 달러스 앤 포리 투 센츠
ten dollars (and) forty-two (cents) /

텐 포리 투
ten forty-two

오픈 시간은 오후 7시예요.

대답 **All right, thank you.** (p.152) / **Thanks.** (p.166)

〈지폐＝bill〉 (빌)

1달러

원 달러
one dollar

5달러

퐈이브 달러스
five dollars

10달러

텐 달러스
ten dollars

20달러

투웬티 달러스
twenty dollars

50달러

피프티 달러스
fifty dollars

100달러

원 헌드레드 달러스
one hundred dollars

$150.68

원 헌드레드 피프티 달러스 앤 씩스티 에잇 센츠
one hundred fifty dollars (and) sixty-eight (cents) /

원 피프티 앤 씩스티 에잇
one fifty and sixty-eight

알아 듣기 어려운 나라 이름, 도시 이름

미국	디 유나이디드 스테이츠 오브 어메리카	**The United States of America**
영국	디 유나이디드 킹덤	**The United Kingdom**
이탈리아	이럴리	**Italy**
제노바	제노아	**Genoa**
토리노	터린	**Turin**
나폴리	네이플스	**Naples**
베네치아	베니스	**Venice**
피렌체	플로런스	**Florence**
밀라노	밀란	**Milan**
오스트리아	어스트리아	**Austria**
빈	비에나	**Vienna**
네덜란드	네덜런즈	**Netherlands**
그리스	그리스	**Greece**
아테네	에쓴즈	**Athens**
스위스	스위쩔랜드	**Switzerland**
제네바	저니바	**Geneva**
취리히	저랙	**Zurich**
체코 공화국	첵 리퍼블릭	**Czech Republic**
프라하	프라그	**Prague**
독일	절매니	**Germany**
뮌헨	뮤닉	**Munich**
터키	털키	**Turkey**
벨기에	벨점	**Belgium**
포르투갈	폴추걸	**Portugal**
북경	베이징	**Beijing**

Chapter 2

이것만 말할 수 있으면 세계 어디를 가도 문제없다

여행 회화에서 꼭 알아 두어야 할 표현은 생각보다 많지 않습니다.

'~을 주세요.' '~은 있나요?' '~을 찾고 있는데요.' '~은 어디인가요?' '~해 주시겠어요?' '~해도 되나요?' '이것은 ~인가요?' 등등, 이 정도의 표현만으로도 충분히 말이 통할 것입니다.

여기에서 소개하는 마법의 만능 표현 10만 제대로 익혀 둔다면 여행 회화 표현으로는 충분합니다.

무엇보다 정확한 영어, 문법에 맞는 영어를 해야 한다는 생각을 버리시기 바랍니다. 머릿속으로 이것저것 복잡하게 생각하지 말고 가장 심플한 영어로 말하는 습관을 들이세요.

물이 필요할 때는 Water, please!면 충분합니다. Chapter 2를 공부하다 보면 please라는 말 한 마디가 얼마나 다양한 상황에서 쓰일 수 있는 표현인지 실감하실 수 있을 거예요.

~, please.

~을 부탁해요

Variation

공항에서

탑승 수속하고 싶은데요.

이 짐을 부탁해요.

('~할까요?'란 질문에 대해) 네, 부탁드려요.

창 쪽 자리를 부탁해요.

통로 쪽 자리를 부탁해요.

통로 쪽에서 두 자리 부탁해요.

창 쪽에서 두 자리 부탁해요.

수화물 보관표를 주세요.

기내에서

물 주세요.

생수 주세요.

탄산수 주세요.

뜨거운 물 주세요.

커피 주세요.

크림 주세요.

설탕 주세요.

* Variation: 다양한 표현

Point!

Please처럼 쉬운 말은 누구나 잘 알고 있다고 생각하지만, 의외로 실전에서 잘 활용하지 못하는 경우가 있다. Please는 정말 간단하면서도 만능인 표현이다. 하고 싶은 말 앞에 Please만 붙인다면 거의 모든 용건을 해결할 수 있을 정도이니 말이다. 다른 어떤 유창한 표현보다 Please를 쓴 간단한 표현이 더 잘 통한다.

첵킨 플리즈
Check in, please.

디스 배기쥐 플리즈
This baggage, please.

예스 플리즈
Yes, please.

어 윈도우 씨트 플리즈
A window seat, please.

언 아일 씨트 플리즈
An aisle seat, please.

투 씨츠 프롬 디 아일 플리즈
Two seats from the aisle, please.

투 씨츠 프롬 더 윈도우 플리즈
Two seats from the window, please.

어 배기쥐 택 플리즈
A baggage tag, please.

* 기내에 반입하는 물건에 이름을 쓴 태그를 꼭 붙여야만 하는 나라도 있다.

워러 플리즈
Water, please.

미너럴 워러 플리즈
Mineral water, please.

스파클링 워러 플리즈
Sparkling water, please.

핫 워러 플리즈
Hot water, please.

커피 플리즈
Coffee, please.

크림 플리즈
Cream, please.

슈거 플리즈
Sugar, please.

홍차 주세요.

밀크티 주세요.

레몬티 주세요.

콜라 주세요.

진저에일 주세요.

오렌지주스 주세요.

토마토주스 주세요.

포도주스 주세요.

사과주스 주세요.

맥주 주세요.

화이트와인 주세요.

레드와인 주세요.

샴페인 주세요.

위스키에 얼음 넣어 주세요.

위스키에 물 넣어 주세요.

버번위스키에 얼음 넣어 주세요.

스카치소다 주세요.

소고기 주세요.

닭고기 주세요.

생선 주세요.

파스타 주세요.

한국 신문 주세요.

한국 잡지 주세요.

담요 주세요.

이거 주세요.
(실물이나 메뉴, 카탈로그 등의 정보를 가리키며)

저거 주세요.

티 플리즈
Tea, please.

티 위드 밀크 플리즈
Tea with milk, please.

티 위드 레먼 플리즈
Tea with lemon, please.

코크 플리즈
Coke, please.

진저 에일 플리즈
Ginger ale, please.

오렌지 쥬스 플리즈
Orange juice, please.

토매이도 쥬스 플리즈
Tomato juice, please.

그레이프 쥬스 플리즈
Grape juice, please.

애플 쥬스 플리즈
Apple juice, please.

비야 플리즈
Beer, please. * 영어 발음은 [비어] 보다는 [비야]에 가깝다.

와이트 와인 플리즈
White wine, please.

뤠드 와인 플리즈
Red wine, please.

샴패인 플리즈
Champagne, please.

위스키 온 더 롹스 플리즈
Whiskey on the rocks, please.

위스키 앤 워러 플리즈
Whiskey and water, please.

벌번 온 더 롹스 플리즈
Bourbon on the rocks, please.

스카치 앤 소다 플리즈
Scotch and soda, please.

비프 플리즈
Beef, please.

취킨 플리즈
Chicken, please.

피쉬 플리즈
Fish, please.

파스타 플리즈
Pasta, please.

코리안 뉴스페이퍼 플리즈
Korean newspaper, please.

코리안 매거진 플리즈
Korean magazine, please.

블랭킷 플리즈
Blanket, please.

디스 원 플리즈
This one, please.

댓 원 플리즈
That one, please.

환전소에서

환전해 주세요.

이 돈을 달러로 바꿔 주세요. (원을 주면서)

고액권으로 주세요.

소액권으로 주세요.

택시 안에서

ABC 호텔까지 부탁해요.

ABC 호텔로 가 주세요.

여기서 내려 주세요.

2달러 거슬러 주세요. (10달러 지폐를 내면서 팁을 포함하여 8달러를 내고 싶을 때)

렌터카 대여점에서

소형차가 좋은데요.

중형차가 좋은데요.

대형차가 좋은데요.

오토매틱 차가 좋은데요.

SUV가 좋은데요.

캠핑카가 좋은데요.

레저 차량이 좋은데요.

호텔에서

체크인 하고 싶은데요.

예약할게요. (호텔에 전화해서)

머니 익스췌인지 플리즈
Money exchange, please.

췌인지 디스 인투 달러스 플리즈
Change this into dollars, please.

라지 빌스 플리즈
Large bills, please.

스몰 빌스 플리즈
Small bills, please.

에이비씨 호텔 플리즈
ABC Hotel, please.

투 디 에이비씨 호텔 플리즈
To the ABC Hotel, please.

렛 미 오프 히얼 플리즈
Let me off here, please.

투 달러스 백 플리즈
Two dollars back, please.

어 컴팩트 카 플리즈
A compact car, please.

어 미드 싸이즈드 카 플리즈
A mid-sized car, please.

어 풀 싸이즈드 카 플리즈
A full-sized car, please.

언 어러매릭 카 플리즈
An automatic car, please.

언 에쓰유브이 플리즈
An SUV, please.

어 캠퍼 플리즈
A camper, please. 미

어 뤠크리애이셔널 비히클 플리즈
A recreational vehicle, please. 미

췌킨 플리즈
Check in, please.

뤠절베이션스 플리즈
Reservations, please.

음식점에서

금연석으로 할게요.

흡연석으로 할게요.

메뉴판 부탁해요.

생맥주 주세요.

와인 리스트 주세요.

레드와인 한 잔 주세요.

로제와인 한 잔 주세요.

화이트와인 한 잔 주세요.

스파클링와인 한 잔 주세요.

진토닉 주세요.

진피즈 주세요.

다이키리 주세요.

마티니 주세요.

캄파리소다 주세요.

위스키 싱글로 주세요.

위스키 더블로 주세요.

브랜디 주세요.

스카치 주세요.

(고기 익힘 정도) 레어로 해 주세요.

(고기 익힘 정도) 미디엄레어로 해 주세요.

(고기 익힘 정도) 미디엄으로 해 주세요.

(고기 익힘 정도) 미디엄웰로 해 주세요.

(고기 익힘 정도) 웰던으로 해 주세요.

싸가고 싶어요.

계산서 주세요.

넌스모킹 플리즈
Non-smoking, please.

스모킹 플리즈
Smoking, please.

더 메뉴 플리즈
The menu, please.

드래프트 비야 플리즈
Draft beer, please.

더 와인 리스트 플리즈
The wine list, please.

어 글래스 오브 뤠드 와인 플리즈
A glass of red wine, please.

어 글래스 오브 로제 와인 플리즈
A glass of rose wine, please.

어 글래스 오브 와이트 와인 플리즈
A glass of white wine, please.

어 글래스 오브 스파클링 와인 플리즈
A glass of sparkling wine, please.

진 앤 토닉 플리즈
Gin and tonic, please.

진 피즈 플리즈
Gin fizz, please.

데커리 플리즈
Daiquiri, please.

말티니 플리즈
Martini, please.

캠파리 소다 플리즈
Campari soda, please.

씽글 위스키 플리즈
Single whiskey, please.

더블 위스키 플리즈
Double whiskey, please.

브랜디 플리즈
Brandy, please.

스카치 플리즈
Scotch, please.

뤠어 플리즈
Rare, please.

미디엄 뤠어 플리즈
Medium rare, please.

미디엄 플리즈
Medium, please.

미디엄 웰 플리즈
Medium well, please.

웰 던 플리즈
Well done, please.

도기 백 플리즈
Doggy bag, please.

빌 플리즈
Bill, please.

패스트푸드점, 카페에서

햄버거 하나 주세요.

치즈버거 하나 주세요.

핫도그 두 개 주세요.

감자튀김 작은 사이즈로 주세요.

프라이드치킨 2개 세트 메뉴 주세요.

세트 메뉴 8번 주세요. 콜라는 큰 사이즈로요.

세트 메뉴 B 주세요.

어니언링 중간 사이즈로 주세요.

아이스커피 톨 사이즈로 주세요.

휘핑크림 없은 코코아 작은 사이즈로 주세요.

아이스티 중간 사이즈로 주세요.

레모네이드 큰 사이즈로 주세요.

가져갈게요.

테이크아웃 할게요.

가져갈게요.

여기서 먹을게요.

여기서 먹을게요.

작은 사이즈 주세요.

중간 사이즈 주세요.

큰 사이즈 주세요.

케첩 주세요.

마요네즈 주세요.

머스터드 주세요.

양파 빼고 주세요.

원 햄버거 플리즈
One hamburger, please.

원 치즈버거 플리즈
One cheeseburger, please.

투 핫 도그스 플리즈
Two hot dogs, please.

스몰 프렌취 프라이즈 플리즈
Small French fries, please.

프라이드 취킨 투 피스 밀 플리즈
Fried Chicken Two-Piece Meal, please.

밸류 밀 넘버 에잇 위더 라지 코크 플리즈
Value Meal Number Eight with a large Coke, please.

콤보 비 플리즈
Combo B, please.

미디엄 싸이즈 어니언 링스 플리즈
Medium-size onion rings, please.

어 톨 아이스드 커피 플리즈
A tall iced coffee, please. * 일부 체인점에서 이렇게 말한다.

어 스몰 핫 초콜릿 위드 윕트 크림 플리즈
A small hot chocolate with whipped cream, please.

원 미디엄 싸이즈 아이스드 티 플리즈
One medium-size iced tea, please.

원 라지 레모네이드 플리즈
One large lemonade, please.

투 고 플리즈
To go, please. * 주로 미국에서 쓰는 말이다.

투 테이카웃 플리즈
To take out, please. * 주로 미국에서 쓰는 말이다.

투 테이커웨이 플리즈
To take away, please. * 주로 영국, 오스트리아, 뉴질랜드에서 쓰는 말이다.

포 히얼 플리즈
For here, please. * 주로 미국에서 쓰는 말이다.

이딘 플리즈
Eat in, please. * 주로 영국, 오스트리아, 뉴질랜드에서 쓰는 말이다.

스몰 플리즈
Small, please.

미디엄 플리즈
Medium, please.

라지 플리즈
Large, please.

케첩 플리즈
Ketchup, please.

메여네이즈 플리즈
Mayonnaise, please.

머스탈드 플리즈
Mustard, please.

위다웃 어니언즈 플리즈
Without onions, please.

쇼핑하면서

비닐봉지 주세요.

종이봉투 주세요.

매표소에서

좌석 배치도를 보여 주세요.

1층석 부탁해요.

2층석 부탁해요.

3층석 부탁해요.

1층석 부탁해요.

2층석 부탁해요.

3층석 부탁해요.

Column 4 알아 두면 득이 되는 단어와 표현

돈(영국 파운드)

기호 £	1pound=100pence (파운드 / 펜스)
〈동전= coin(코 인)〉	
1페니	one penny (원 페니)
2펜스	two pence (투 펜스)
5펜스	five pence (퐈이브 펜스)
10펜스	ten pence (텐 펜스)
20펜스	twenty pence (투웬티 펜스)
50펜스	fifty pence (피프티 펜스)
1파운드	one pound (원 파운드)
2파운드	two pounds (투 파운즈)

플래스틱 백 플리즈
Plastic bag, please.

페이펄 백 플리즈
Paper bag, please.

어 씨딩 찰트 플리즈
A seating chart, please.

언 올케스트라 씨트 플리즈
An orchestra (seat), please. 미

어 매저닌 씨트 플리즈
A mezzanine (seat), please. 미

어 발코니 씨트 플리즈
A balcony (seat), please. 미

어 스톨 씨트 플리즈
A stall seat, please. 영

어 드레스 써클 씨트 플리즈
A dress circle (seat), please. 영

어 발코니 씨트 플리즈
A balcony (seat), please. 영

* first, second, third floor라고도 한다.

〈지폐 = bill〉 (빌)

5파운드	퐈이브 파운즈 **five pounds**
10파운드	텐 파운즈 **ten pounds**
20파운드	투웬티 파운즈 **twenty pounds**
50파운드	피프티 파운즈 **fifty pounds**

£5.35

퐈이브 파운즈 앤 써리 퐈이브 펜스
five pounds (and) thirty-five (pence) /

퐈이브 써리 퐈이브
five thirty-five

£150.68

원 헌드레드 피프티 파운즈 앤 씩스티 에잇 펜스
one hundred fifty pounds (and) sixty-eight (pence) /

원 피프티 앤 씩스티 에잇
one fifty and sixty-eight

Could I have ~?

~을 주시겠어요?

Variation

공항에서

수화물 보관표를 주시겠어요?

기내에서

맥주 좀 주시겠어요?

담요 좀 주시겠어요?

담요 한 장만 더 주시겠어요?

한국 신문이나 잡지 좀 주시겠어요?

입국 신고서와 세관 신고서를 주시겠어요?

호텔에서

시내지도 좀 주시겠어요?

열쇠를 주시겠어요?

음식점에서

한국어 메뉴판을 주시겠어요?

와인 리스트를 주시겠어요?

접시 하나 더 주시겠어요?

주문을 하거나 뭔가 원하는 것을 말할 때 please만으로 표현하는 게 식상하게 느껴질 수도 있다. Please를 이미 충분히 연습했다면 다른 정중한 표현인 Could I have ~?를 써 보자.

크라이 해버 배기쥐 택
Could I have a baggage tag?

크라이 해버 비야
Could I have a beer?

크라이 해버 블랭킷
Could I have a blanket?

크라이 해번 엑스트라 블랭킷
Could I have an extra blanket?

크라이 해브 코리안 뉴스페이펄즈 ↗ 오얼 매거진즈 ↘
Could I have Korean newspapers or magazines?

크라이 해번 이머그래이션 카드 애너 커스텀즈 데클러레이션 폼
Could I have an immigration card and a customs declaration form?

크라이 해버 씨디 맵
Could I have a city map?

크라이 해버 키
Could I have a key?

크라이 해버 코리안 메뉴
Could I have a Korean menu?

크라이 해브 더 와인 리스트
Could I have the wine list?

크라이 해브 엑스트라 플레이츠
Could I have extra plates?

빵 좀 더 주시겠어요?

패스트푸드점, 카페에서

치즈버거 하나와 커피 한 잔 주세요.

휘핑크림 올려진 모카프라푸치노 톨 사이즈로 주세요.

카페라테 작은 사이즈로 주세요.

카페오레 중간 사이즈로 주세요.

카푸치노 큰 사이즈로 주세요.

두유라테 주세요.

두유카푸치노 주세요.

블루베리머핀 주세요.

스콘 주세요.

쇼핑하면서

층별 안내 가이드 좀 주시겠어요?

영수증 좀 주시겠어요?

역에서

노선도 좀 주시겠어요?

지하철 노선도 좀 주시겠어요?

크라이 해브 썸 모얼 브레드
Could I have some more bread?

크라이 해버 취즈버거 애너 컵 오브 커피
Could I have a cheeseburger and a cup of coffee?

크라이 해버 톨 모카 프라푸치노 위드 윕트 크림
Could I have a tall mocha Frappuccino with whipped cream?

크라이 해버 스몰 카페 라테이
Could I have a small caffe latte?

크라이 해버 미디엄 카페 올레이
Could I have a medium cafe au lait?

크라이 해버 라지 카푸치노
Could I have a large cappuccino?

크라이 해버 쏘이 라테이
Could I have a soy latte?

크라이 해버 쏘이 카푸치노
Could I have a soy cappuccino?

크라이 해버 블루베리 머핀
Could I have a blueberry muffin?

크라이 해버 스콘
Could I have a scone?

크라이 해버 플로얼 가이드
Could I have a floor guide?

크라이 해버 뤼씨트
Could I have a receipt?

크라이 해버 루트 맵
Could I have a route map?

크라이 해버 써브웨이 맵
Could I have a subway map?

I'd like to ~. / I'd like ~.

~하고 싶은데요 / ~을 원하는데요

Variation

공항에서

창 쪽 자리가 좋은데요.

통로 쪽 자리가 좋은데요.

우리는 같이 앉고 싶은데요.

창 쪽에서 나란히 두 자리가 좋은데요.

통로 쪽에서 나란히 두 자리가 좋은데요.

기내에서

커피로 할게요.

오렌지주스로 할게요.

소고기로 할게요.

닭고기로 할게요.

생선으로 할게요.

환전소에서

환전하고 싶은데요.

50만 원을 달러로 바꾸고 싶은데요.

Point!

주문을 할 때 또는 내가 원하는 것을 상대방에게 전달할 때 쓰는 표현이다. Water, please.를 완벽하게 사용할 수 있게 됐다면, Could I have some water?와 함께 I'd like some water.로 정중하게 부탁하는 말을 써 보자. 물론 여러 사람이라면 We'd like (to) ~이 된다.

아이드 라이커 윈도우 씨트
I'd like a window seat.

아이드 라이컨 아일 씨트
I'd like an aisle seat.

위드 라잌 투 씻 투게덜
We'd like to sit together.

위드 라잌 투 해브 씨츠 투게덜 온 더 윈도우
We'd like to have seats together on the window.

위드 라잌 투 해브 씨츠 투게덜 온 디 아일
We'd like to have seats together on the aisle.

아이드 라잌 썸 커피
I'd like some coffee.

아이드 라잌 썸 오렌지 쥬스
I'd like some orange juice.

아이드 라잌 비프
I'd like beef.

아이드 라잌 취킨
I'd like chicken.

아이드 라잌 피쉬
I'd like fish.

아이드 라잌 투 익스췌인지 머니
I'd like to exchange money.

아이드 라잌 투 췌인지 퐈이브 헌드레드 싸우전드 원 인투 달러스
I'd like to change five hundred thousand won into dollars.

렌터카 대여점에서

3일간 차를 빌리고 싶어요.

모든 보험 옵션을 들고 싶어요.

음식점에서

오늘 밤 8시에, 2명 예약하고 싶은데요. (예약 전화를 할 때)

와인 리스트를 주셨으면 하는데요.

생선으로 할게요. (코스 요리의 메인 요리로 고기인지 생선인지를 고를 때)

콩소메로 할게요.

프랑스식 양파수프로 할게요.

미네스트로네(이탈리아식 야채수프)로 할게요.

시저스샐러드로 할게요.

콜슬로로 할게요.

믹스드샐러드로 할게요.

셰프샐러드로 할게요.

스테이크로 할게요.

등심살로 할게요.

티본스테이크로 할게요.

스테이크는 레어로 할게요.

스테이크는 미디엄레어로 할게요.

스테이크는 미디엄으로 할게요.

스테이크는 미디엄웰로 할게요.

그건 웰던으로 할게요.

연어뫼니에르로 할게요.

생선튀김으로 할게요.

그라탱으로 할게요.

부야베스(해산물수프)로 할게요.

아이드 라잌 투 렌트 포 쓰리 데이즈
I'd like to rent for three days.

아이드 라잌 투 테잌 올 오브 디 인슈어런스 옵션즈
I'd like to take all of the insurance options.

아이드 라잌 투 메이커 뤠절베이션 포 투
I'd like to make a reservation for two
앳 에잇 투나잇
at eight tonight.

아이드 라잌 더 와인 리스트
I'd like the wine list.

아이드 라잌 피쉬
I'd like fish.

아이드 라잌 컨서메
I'd like consomme.

아이드 라잌 프렌취 어니언 숲
I'd like French onion soup.

아이드 라잌 미네스트로니
I'd like minestrone.

아이드 라잌 시저(스) 샐러드
I'd like Caesar's salad.

아이드 라잌 콜슬러
I'd like coleslaw.

아이드 라잌 믹스드 샐러드
I'd like mixed salad.

아이드 라잌 셉(스) 샐러드
I'd like Chef's salad.

아이드 라이커 스테이크
I'd like a steak.

아이드 라잌 설로인
I'd like sirloin.

아이드 라잌 티 본
I'd like T-bone.

아이드 라잌 마이 스테이크 뤠어
I'd like my steak rare.

아이드 라잌 마이 스테이크 미디엄 뤠어
I'd like my steak medium rare.

아이드 라잌 마이 스테이크 미디엄
I'd like my steak medium.

아이드 라잌 마이 스테이크 미디엄 웰
I'd like my steak medium well.

아이드 라이킷 웰 던
I'd like it well done.

아이드 라잌 새먼 뮈니에
I'd like salmon meuniere.

아이드 라잌 프라이드 피쉬
I'd like fried fish.

아이드 라잌 그래튼
I'd like gratin.

아이드 라잌 불리어베이스
I'd like bouillabaisse.

스크램블드에그로 할게요.

계란프라이로 할게요. (한쪽 면만 익혀 달라고 말하고 싶을 때)

계란프라이로 할게요.

오믈렛으로 할게요.

시리얼로 할게요.

디저트를 주셨으면 하는데요.

과일로 할게요.

아이스크림으로 할게요.

셔벗으로 할게요.

푸딩으로 할게요.

딸기무스로 할게요.

치즈케이크로 할게요.

크레이프로 할게요.

패스트푸드점, 카페에서

치즈버거 하나와 커피 한 잔을 주세요.

카페라테 작은 사이즈로 주세요.

카페오레 중간 사이즈로 주세요.

카푸치노 큰 사이즈로 주세요.

두유라테 주세요.

두유카푸치노 주세요.

블루베리머핀 주세요.

스콘(흔히 버터, 잼, 크림을 발라 먹는 영국의 대표적인 빵) 주세요.

쇼핑하면서

이거 입어 보고 싶은데요.

아이드 라잌 스크램블드 에그스
I'd like scrambled eggs.

아이드 라이커 써니 싸이드 업
I'd like a sunny-side up.

아이드 라잌 프라이드 에그스
I'd like fried eggs.

아이드 라잌 어믈릿
I'd like omelet.

아이드 라잌 씨리얼
I'd like cereal.

아이드 라잌 썸 디절트
I'd like some dessert.

아이드 라잌 썸 프룻
I'd like some fruit.

아이드 라잌 아이스 크림
I'd like ice cream.

아이드 라잌 셜버트
I'd like sherbet.

아이드 라잌 푸딩
I'd like pudding.

아이드 라잌 스트로베리 무스
I'd like strawberry mousse.

아이드 라잌 취즈케잌
I'd like cheesecake.

아이드 라잌 크레입스
I'd like crepes.

아이드 라이커 취즈버거 애너 컵 오브 커피
I'd like a cheeseburger and a cup of coffee.

아이드 라이커 스몰 카페 라테이
I'd like a small caffe latte.

아이드 라이커 미디엄 싸이즈 카페 올레이
I'd like a medium-size cafe au lait.

아이드 라이커 라지 카푸치노
I'd like a large cappuccino.

아이드 라이커 쏘이 라테이
I'd like a soy latte.

아이드 라이커 쏘이 카푸치노
I'd like a soy cappuccino.

아이드 라이커 블루베리 머핀
I'd like a blueberry muffin.

아이드 라이커 스콘
I'd like a scone.

아이드 라잌 투 트라이 디스 온
I'd like to try this on.

이 신발을 사고 싶은데요.

이 티셔츠를 사고 싶은데요.

비닐봉지를 주셨으면 하는데요.

이것을 반품하고 싶은데요.

매표소에서

1층석으로 주세요.

2층석으로 주세요.

3층석으로 주세요.

1층석으로 주세요.

2층석으로 주세요.

3층석으로 주세요.

Column 5 알아 두면 득이 되는 단어와 표현

돈(유로)

기호 €	유로 유로 센츠 센츠 1euro=100euro cents/cents
〈동전= 코인 coin〉	
5유로센트	파이브 유로 센츠 센츠 five euro cents/cents
10유로센트	텐 유로 센츠 센츠 ten euro cents/cents
20유로센트	투웬티 유로 센츠 센츠 twenty euro cents/cents
1유로	원 유로 one euro
2유로	투 유로스 two euros
〈지폐= 빌 bill〉	
5유로	파이브 유로스 five euros
10유로	텐 유로스 ten euros

아이드 라잌 투 해브 디즈 슈즈
I'd like to have these shoes.

아이드 라잌 투 바이 디스 티 셜트
I'd like to buy this T-shirt.

아이드 라이커 플래스틱 백
I'd like a plastic bag.

아이드 라잌 투 뤼턴 디스
I'd like to return this.

아이드 라이컨 올케스트라 씨트 플리즈
I'd like an orchestra (seat), please. 미

아이드 라이커 매저닌 씨트 플리즈
I'd like a mezzanine (seat), please. 미

아이드 라이커 발코니 씨트 플리즈
I'd like a balcony (seat), please. 미

아이드 라이커 스톨 씨트 플리즈
I'd like a stall seat, please. 영

아이드 라이커 드레스 써클 씨트 플리즈
I'd like a dress circle (seat), please. 영

아이드 라이커 발코니 씨트 플리즈
I'd like a balcony (seat), please. 영

20유로	투웬티 유로스 **twenty euros**
50유로	피프티 유로스 **fifty euros**
100유로	원 헌드레드 유로스 **one hundred euros**
200유로	투 헌드레드 유로스 **two hundred euros**
500유로	퐈이브 헌드레드 유로스 **five hundred euros**

€5.35

퐈이브 유로스 앤 써리 퐈이브 유로 센츠 센츠
five euros (and) thirty-five (euro cents/cents) /

퐈이브 써리 퐈이브
five thirty-five

€10.42

텐 유로스 앤 포리 투 유로 센츠 센츠
ten euros (and) forty-two (euro cents/cents) /

텐 포리 투
ten forty-two

Do you have ~?

~이 있어요?

Variation

기내에서

한국 신문이나 잡지 있어요?

(면세품 판매 카탈로그를 가리키며) 이거 있어요?

렌터카 대여점에서

오픈카 있어요?

오토매틱 차 있어요?

호텔에서

오늘 밤에 묵을 수 있는 트윈룸 있어요?

공항까지 셔틀 서비스가 제공되나요?

방에서 인터넷 연결이 가능해요?

방에 인터넷이 가능한 컴퓨터가 있어요?

음식점에서

한국어 메뉴판 있어요?

Point!

기내나 가게에서 자신이 원하는 것이 있는지 없는지 확인하고 싶을 때는 Do you have ~?로 물어보면 된다. 호텔에 빈방이 있는지 묻거나, 서비스 내용을 확인할 때도 Do you have ~?면 OK.

두 유 해브 코리안 뉴스페이펄즈 오얼 매거진즈
Do you have Korean newspapers or magazines?

두 유 해브 디스 원
Do you have this one?

두 유 해브 컨버러블스
Do you have convertibles?

두 유 해브 어러매릭 카스
Do you have automatic cars?

두 유 해버 투윈 룸 포 투나잇
Do you have a twin room for tonight?

두 유 해버 셔틀 썰비스 투 디 에얼폴트
Do you have a shuttle service to the airport?

두 유 해버 브러드밴드 인터넷 커넥션 포 게스트 유스
Do you have a broadband Internet connection for guest use?

두 유 해브 컴퓨러즈 위드 인터넷 액세스 어베일러블 포 게스트 유스
Do you have computers with Internet access available for guest use?

두 유 해버 코리안 메뉴
Do you have a Korean menu?

채식주의자를 위한 요리가 있어요?

양을 절반만 주실 수 있어요?

지역 맥주 있어요?

쇼핑하면서

지갑 있어요?

재킷 있어요?

(어떤 상품을 가리키며) 이걸로 빨간색 있어요?

반팔 셔츠 있어요?

다른 색 있어요?

다른 무늬 있어요?

더 밝은/더 어두운 색 있어요?

이걸로 더 작은 사이즈 있어요?

긴팔 티셔츠 있어요?

라운드 넥 스웨터 있어요?

브이넥 스웨터 있어요?

터틀넥 스웨터 있어요?

민소매 블라우스 있어요?

매표소에서

당일권 있어요?

내일 티켓 두 장 끊을 수 있어요?

내일 낮 공연 티켓 있어요?

내일 저녁 공연 티켓 있어요?

내일 저녁 공연 티켓 있어요?

두 유 해브 애니 베지테리언 디쉬즈
Do you have any vegetarian dishes?

두 유 해버 해프 폴션
Do you have a half portion?

두 유 해브 로컬 비아스
Do you have local beers?

두 유 해브 월렛츠
Do you have wallets?

두 유 해브 재킷츠
Do you have jackets?

두 유 해브 디스 인 뤠드
Do you have this in red?

두 유 해브 해프 슬리브드 셜츠
Do you have half sleeved shirts?

두 유 해브 어나덜 컬러
Do you have another color?

두 유 해브 어나덜 프린트
Do you have another print?

두 유 해버 라이터 달커 컬러
Do you have a lighter/darker color?

두 유 해브 디스 이너 스몰러 싸이즈
Do you have this in a smaller size?

두 유 해브 롱 슬리브드 티 셜츠
Do you have long sleeved T-shirts?

두 유 해브 롸운드 넥 스웨러즈
Do you have round neck sweaters?

두 유 해브 브이 넥 스웨러즈
Do you have v-neck sweaters?

두 유 해브 하이 넥 스웨러즈
Do you have high neck sweaters?

두 유 해브 슬라브리스 블라우시즈
Do you have sleeveless blouses?

두 유 해브 티킷츠 포 투데이
Do you have tickets for today?

두 유 해브 투 티킷츠 포 투마로우
Do you have two tickets for tomorrow?

두 유 해브 맷네 티킷츠 포 투마로우
Do you have matinee tickets for tomorrow?

* 극장 관련 용어는 프랑스어에서 유래된 것으로 낮 공연은 matinee, 저녁 공연은 soiree라고 부른다. matinee는 매일 있지는 않아서 저녁 공연보다는 싼 가격으로 책정되는 경우가 많다.

두 유 해브 스와레 티킷츠 포 투마로우
Do you have soiree tickets for tomorrow?

두 유 해브 티킷츠 포 투마로우 이브닝
Do you have tickets for tomorrow evening?

I'm looking for ~.

~을 찾고 있어요

Variation

공항에서

엘리베이터를 찾고 있는데요.

ABC 항공 체크인 카운터를 찾고 있는데요.

환전소를 찾고 있는데요.

현금 인출기를 찾고 있는데요.

화장실을 찾고 있는데요.

거리에서

역을 찾고 있는데요.

관광 안내소를 찾고 있는데요.

지하철역을 찾고 있는데요.

쇼핑하면서

간식거리를 찾고 있는데요.

신선한 과일을 찾고 있는데요.

음료를 찾고 있는데요.

술을 찾고 있는데요.

Point!

Where is ~?와 함께 장소를 물을 때 잘 쓰는 표현이다. 또한 자기가 사고 싶은 물건이 이 가게에 있는지 없는지 잘 모를 때 하는 '~을 사고 싶은데요, 있을까요?'와 같은 뉘앙스로 쓸 수도 있다.

아임 룩킹 포 디 엘러베이러
I'm looking for the elevator.

아임 룩킹 포 에이비씨 에얼라인스 췌킨 카운터
I'm looking for ABC Airlines check-in counter.

아임 룩킹 포 더 머니 익스췌인지 부스
I'm looking for the money exchange booth.

아임 룩킹 포 디 에이티엠 머쉰
I'm looking for the ATM machine.

아임 룩킹 포 더 뤠스트룸
I'm looking for the restroom.

아임 룩킹 포 더 스테이션
I'm looking for the station.

아임 룩킹 포 더 투어리스트 인포메이션 센터
I'm looking for the tourist information center.

아임 룩킹 포 더 써브웨이 스테이션
I'm looking for the subway station.

아임 룩킹 포 스낵스
I'm looking for snacks.

아임 룩킹 포 프레쉬 프룻
I'm looking for fresh fruit.

아임 룩킹 포 베버리지즈
I'm looking for beverages.

아임 룩킹 포 리커
I'm looking for liquor.

통조림을 찾고 있는데요.

시리얼을 찾고 있는데요.

가방/핸드백을 찾고 있는데요.

아웃도어용품을 찾고 있는데요.

화장품을 찾고 있는데요.

선물용품과 기념품을 찾고 있는데요.

제가 입을 재킷을 찾고 있는데요.

남성복을 찾고 있는데요.

여성복을 찾고 있는데요.

남성용 구두를 찾고 있는데요.

여성용 구두를 찾고 있는데요.

재킷을 찾고 있는데요.

운동복을 찾고 있는데요.

폴로 셔츠를 찾고 있는데요.

티셔츠를 찾고 있는데요.

와이셔츠를 찾고 있는데요.

슬랙스(헐렁한 바지)를 찾고 있는데요.

바지를 찾고 있는데요.

면바지를 찾고 있는데요.

청바지를 찾고 있는데요.

블레이저(캐주얼 재킷)를 찾고 있는데요.

코트를 찾고 있는데요.

수영복을 찾고 있는데요.

수영복을 찾고 있는데요.

블라우스를 찾고 있는데요.

원피스를 찾고 있는데요.

아임 룩킹 포 캔드 푸드
I'm looking for canned food.

아임 룩킹 포 씨리얼즈
I'm looking for cereals.

아임 룩킹 포 백스 핸드백스
I'm looking for bags/handbags.

아임 룩킹 포 아웃도어 프라닥츠
I'm looking for outdoor products.

아임 룩킹 포 코즈매딕스
I'm looking for cosmetics.

아임 룩킹 포 기프츠 앤 수버니어스
I'm looking for gifts and souvenirs.

아임 룩킹 포러 재킷 포 마이셀프
I'm looking for a jacket for myself.

아임 룩킹 포 맨스 클로딩
I'm looking for men's clothing.

아임 룩킹 포 위민스 클로딩
I'm looking for women's clothing.

아임 룩킹 포 맨(스) 슈즈
I'm looking for men's shoes.

아임 룩킹 포 위민(스) 슈즈
I'm looking for women's shoes.

아임 룩킹 포 재킷츠
I'm looking for jackets.

아임 룩킹 포 스웻셜츠
I'm looking for sweatshirts.

아임 룩킹 포 폴로 셜츠
I'm looking for polo shirts.

아임 룩킹 포 티 셜츠
I'm looking for T-shirts.

아임 룩킹 포 드레(스) 셜츠
I'm looking for dress shirts.

아임 룩킹 포 슬랙스
I'm looking for slacks.

아임 룩킹 포 팬츠
I'm looking for pants.

아임 룩킹 포 취노즈
I'm looking for chinos.

아임 룩킹 포 진스
I'm looking for jeans.

아임 룩킹 포 블레이저스
I'm looking for blazers.

아임 룩킹 포 코우츠
I'm looking for coats.

아임 룩킹 포 스윔수츠
I'm looking for swimsuits.

아임 룩킹 포 베이딩 수츠
I'm looking for bathing suits.

아임 룩킹 포 블라우시즈
I'm looking for blouses.

아임 룩킹 포 드레시즈
I'm looking for dresses.

스커트를 찾고 있는데요.

양말을 찾고 있는데요.

스타킹을 찾고 있는데요.

Column 6 알아 두면 득이 되는 단어와 표현

공항

항공권	티킷 ticket
탑승권	보딩 패스 boarding pass
도착	어롸이벌 arrival
출발	디팔처 departure
보안 검사	시큐러디 췍 security check
입국 심사	이머그래이션 immigration
게이트(탑승구)	게이트 gate
이륙	테이코프 take-off
착륙	랜딩 landing
편명	플라잇 넘버 flight number
출발 시각	디팔처 타임 departure time
도착 시각	어롸이벌 타임 arrival time
비행시간	플라잉 타임 flying time
현지 시각	로컬 타임 local time
시차	타임 디퍼런스 time difference
목적지	데스티네이션 destination
정각에	온 타임 on time
지연	딜레이 delay
경유	트랜짓 transit
환승	트랜스퍼 transfer

아임 룩킹 포 스컬츠
I'm looking for skirts.

아임 룩킹 포 싹스
I'm looking for socks.

아임 룩킹 포 스타킹즈
I'm looking for stockings.

Column 7 알아 두면 득이 되는 단어와 표현

ATM(현금 인출기)

언어	랭귀지 LANGUAGE
비밀번호	핀 펄스널 아이덴티피케이션 넘버 PIN (Personal Identification Number)
입력	엔터 ENTER
정정	클리어 CLEAR
취소	캔슬 CANCEL
거래	트랜젝션 TRANSACTION
금액	어마운트 AMOUNT
현금 인출	캐쉬 애드밴스 CASH ADVANCE 겟 캐쉬 GET CASH
보통 예금	쎄이빙즈 어카운트 SAVINGS ACCOUNT
당좌 예금	커런트 어카운트 CURRENT ACCOUNT
인출	윗드러얼 WITHDRAWAL
잔액 조회	밸런스 인쿼리 BALANCE INQUIRY
이체	트랜스퍼 TRANSFER
인출 금액	윗드러얼 어마운트 WITHDRAWAL AMOUNT
카드를 넣어 주세요	플리즈 인설트 유어 카드 PLEASE INSERT YOUR CARD
비밀번호를 입력해 주세요	엔터 핀 ENTER PIN
카드와 영수증을 받아 주세요	테이큐어 카드 앤 뤼시트 TAKE YOUR CARD AND RECEIPT

Where is ~?

~이 어디예요?

Variation

공항에서

환전소가 어디예요?

여기서 가장 가까운 은행이 어디예요?

ABC 항공 체크인 카운터가 어디예요?

현금 인출기가 어디에 있나요?

기내에서

제 자리가 어디예요?

호텔에서

수영장이 어디에 있어요?

스파가 어디에 있어요?

헬스장은 어디에 있어요?

미용실이 어디에 있어요?

비즈니스 센터가 어디에 있어요?

자동판매기가 어디에 있어요?

얼음 자동판매기가 어디에 있어요?

코인 세탁기가 어디에 있어요?

장소를 물을 때는 Where is ~?를 쓴다. '~로 가는 방법을 가르쳐 주세요.'처럼 어려운 표현을 생각하지 말고 Where is ~?를 써서 쉽게 물어 보자.

웨얼 이즈 더 머니 익스췌인지 부스
Where is the money exchange booth?

웨얼 이즈 더 니어리스트 뱅크 프롬 히얼
Where is the nearest bank from here?

웨얼 이즈 디 에이비씨 에얼라인스 췌킨 카운터
Where is the ABC Airlines check-in counter?

웨얼 이즈 디 에이티엠 머쉰
Where is the ATM machine?

웨얼 이즈 마이 씨트
Where is my seat?

웨얼 이즈 더 스위밍 풀
Where is the swimming pool?

웨얼 이즈 더 스빠
Where is the spa?

웨얼 이즈 더 짐 피트니스 센터
Where is the gym/fitness center?

웨얼 이즈 더 뷰티 살론
Where is the beauty salon?

웨얼 이즈 더 비즈니스 센터
Where is the business center?

웨얼 이즈 더 밴딩 머쉰
Where is the vending machine?

웨얼 이즈 디 아이스 디스펜서
Where is the ice dispenser?

웨얼 이즈 더 코인 워셔
Where is the coin washer?

빨래방이 어디에 있어요?

사물함이 어디에 있어요?

음식점에서

화장실은 어디에 있어요?

쇼핑하면서

여성복은 어디에 있어요?

택시 승차장은 어디에 있어요?

계산대가 어디에 있어요?

엘리베이터는 어디에 있어요?

에스컬레이터는 어디에 있어요?

탈의실은 어디에 있어요?

거리에서

가장 가까운 지하철역이 어디에 있어요?

관광 안내소는 어디에 있어요?

웨얼 이즈 더 런드로매트 런드래트
Where is the Laundromat/laundrette?

웨얼 이즈 더 라커
Where is the locker?

웨얼 이즈 더 뤠스트룸
Where is the restroom?

웨얼 이즈 위민스 클로딩
Where is women's clothing?

웨얼 이즈 더 택시 스탠드
Where is the taxi stand?

웨얼 이즈 더 캐쉬 뤠지스터 췌카웃 카운터
Where is the cash register/checkout counter?

웨얼 이즈 디 엘러베이러
Where is the elevator?

웨얼 이즈 디 에스컬레이러
Where is the escalator?

웨얼 이즈 더 드레싱 룸 피딩 룸 췌인징 룸
Where is the dressing room/fitting room/changing room?

웨얼 이즈 더 니어리스트 써브웨이 스테이션
Where is the nearest subway station?

웨얼 이즈 더 투어리스트 인포메이션 센터
Where is the tourist information center?

Is there ~?

~이 있어요?

Variation

공항에서

관광 안내 창구가 있어요?

렌터카 대여점에서

이 근처에 주유소가 있어요?

호텔에서

시내로 가는 무료 셔틀버스가 있어요?

이 근처에 쇼핑몰이 있어요?

이 근처에 서점이 있어요?

이 근처에 인터넷 카페가 있어요?

이 근처에 면세점이 있어요?

이 근처에 아웃렛 몰이 있어요?

이 근처에 백화점이 있어요?

이 근처에 편의점이 있어요?

이 근처에 약국이 있어요?

이 근처에 슈퍼마켓이 있어요?

호텔 근처의 시설이나 명소의 유무를 물을 때 편리한 표현이다. Is there ~?, Are there ~? 같은 아주 간단한 표현도 이처럼 실용적으로 잘 활용할 수 있다.

이즈 데어러 투어리스트 인포메이션 카운터
Is there a tourist information counter?

이즈 데어러 개(스) 스테이션 니얼 히얼
Is there a gas station near here?

이즈 데어러 프리 셔틀 버스 포 다운타운
Is there a free shuttle bus for downtown?

이즈 데어러 셔핑 몰 어라운드 히얼
Is there a shopping mall around here?

이즈 데어러 북 스토어 어라운드 히얼
Is there a book store around here?

이즈 데어런 인터넷 카페 어라운드 히얼
Is there an Internet cafe around here?

이즈 데어러 두리 프리 샵 어라운드 히얼
Is there a duty-free shop around here?

이즈 데어런 아웃렛 몰 어라운드 히얼
Is there an outlet mall around here?

이즈 데어러 디팔트먼트 스토어 어라운드 히얼
Is there a department store around here?

이즈 데어러 컨비니언(스) 스토어 어라운드 히얼
Is there a convenience store around here?

이즈 데어러 드럭스토어 어라운드 히얼
Is there a drugstore around here?

이즈 데어러 수퍼마켓 어라운드 히얼
Is there a supermarket around here?

이 근처에 빵집이 있어요?

이 근처에 식료품점이 있어요?

이 근처에 주류 판매점이 있어요?

이 근처에 과자 가게가 있어요?

이 근처에 신발 가게가 있어요?

이 근처에 부티크가 있어요?

이 근처에 문구점이 있어요?

이 근처에 스포츠용품점이 있어요?

이 근처에 아웃도어용품점이 있어요?

이 근처에 약국이 있어요?

이 근처에 CD 가게가 있어요?

이 근처에 안경점이 있어요?

이 근처에 우체국이 있어요?

이 근처에 한국 음식점이 있어요?

이 근처에 스테이크 식당이 있어요?

이 근처에 프랑스 음식점이 있어요?

이 근처에 이탈리아 음식점이 있어요?

이 근처에 일본 음식점이 있어요?

이 근처에 스페인 음식점이 있어요?

이 근처에 멕시코 음식점이 있어요?

이 근처에 중국 음식점이 있어요?

이즈 데어러 베이커리 어라운드 히얼
Is there a bakery around here?

이즈 데어러 그로써리 스토어 어라운드 히얼
Is there a grocery store around here?

이즈 데어러 리커 샵 어라운드 히얼
Is there a liquor shop around here?

이즈 데어러 컨펙셔네리 스토어 어라운드 히얼
Is there a confectionery store around here?

이즈 데어러 슈 스토어 어라운드 히얼
Is there a shoe store around here?

이즈 데어러 부티끄 어라운드 히얼
Is there a boutique around here?

이즈 데어러 스테이셔네리 샵 어라운드 히얼
Is there a stationery shop around here?

이즈 데어러 스폴츠 샵 어라운드 히얼
Is there a sports shop around here?

이즈 데어런 아웃도어 프라덕트 스토어 어라운드 히얼
Is there an outdoor product store around here?

이즈 데어러 펄머씨 어라운드 히얼
Is there a pharmacy around here?

이즈 데어러 씨디 샵 어라운드 히얼
Is there a CD shop around here?

이즈 데어런 옵티션 어라운드 히얼
Is there an optician around here?

이즈 데어러 포스트 오피스 어라운드 히얼
Is there a post office around here?

이즈 데어러 코리안 레스토랑 어라운드 히얼
Is there a Korean restaurant around here?

이즈 데어러 스테이크 하우스 어라운드 히얼
Is there a steak house around here?

이즈 데어러 프렌취 레스토랑 어라운드 히얼
Is there a French restaurant around here?

이즈 데어런 이탤리언 레스토랑 어라운드 히얼
Is there an Italian restaurant around here?

이즈 데어러 재패니즈 레스토랑 어라운드 히얼
Is there a Japanese restaurant around here?

이즈 데어러 스패니쉬 레스토랑 어라운드 히얼
Is there a Spanish restaurant around here?

이즈 데어러 멕시컨 레스토랑 어라운드 히얼
Is there a Mexican restaurant around here?

이즈 데어러 촤이니즈 레스토랑 어라운드 히얼
Is there a Chinese restaurant around here?

이 근처에 향토 음식점이 있어요?

쇼핑하면서

지금 세일하고 있어요?

Column 8 알아 두면 득이 되는 단어와 표현

호텔

로비	라비 lobby
접수처(프런트)	뤼셉션 reception
객실 관리 직원	하우스키핑 스탭 housekeeping staff
벨보이	포러 벨보이 porter/bellboy
귀중품	밸류어블스 valuables
수영장	스위밍 풀 swimming pool
스파	스빠 spa
헬스장	짐 피트니스 센터 gym/fitness center
자동판매기	밴딩 머쉰 vending machine
얼음 자동판매기	아이스 디스펜서 ice dispenser
1층	펄스트 플로어 그라운드 플로어 first floor 미/ground floor 영
2층	세컨드 플로어 펄스트 플로어 second floor 미/first floor 영
지하	베이스먼트 basement
주차/주차장	팔킹 팔킹 랏 parking/parking lot
빨래방/코인 세탁기	런드로매트 코인 워셔 Laundromat/coin washer
냉장고	뤼프리저레이러 프리지 refrigerator/fridge
전자레인지	마이크로웨이브 오븐 microwave oven
프라이팬	프라잉 팬 스킬릿 frying pan/skillet
냄비	팬 팟 pan/pot

이즈 데어러 로컬 푸드 레스토랑 어라운드 히얼
Is there a local food restaurant around here?

이즈 데어러 쎄일 온 나우
Is there a sale on now?

커피 메이커	커피 머쉰 **coffee machine**
콘센트	아웃렛 **outlet**
귀중품 보관함(대여 금고)	세이프티 디파짓 박스 **safety deposit box**
에어컨	에어 컨디셔너 **air conditioner**
쓰레기통	더스트 빈 갈비지 캔 **dust bin/garbage can**
티슈	티슈 클리넥스 **tissue/Kleenex**
담요	블랭킷 **blanket**
등(램프)	램프 **lamp**
전구	라잇 벌브 **light bulb**
리모컨	리모트 컨트롤 **remote control**
건전지	배러리 **battery**
욕실	배쓰룸 **bathroom**
수건	타월 **towel**
드라이어	헤어 드라이어 **hair dryer**
면봉	코튼 버드 **cotton bud**
면도기	뤠이저 **razor**
비누	솝 **soap**
샴푸	샘푸 **shampoo**
두루마리 화장지	토일렛 페이퍼 토일렛 티슈 **toilet paper/toilet tissue**
모닝콜	웨이컵 콜 **wake-up call**
국제 전화	인터내셔널 콜 **international call**
(방을) 청소하다	메이컵 더 룸 **make up (the room)**

Would you ~?

~해 주시겠어요?

Variation

기내에서

(짐을 들 때 등) 도와주시겠어요?

이 가방을 저기로 올려 주시겠어요?

나중에 다시 와 주시겠어요?

입국 신고서를 주시겠어요?

세관 신고서를 주시겠어요?

좀 더 천천히 말해 주시겠어요?

다시 한번 말해 주시겠어요?

햇빛 가리개를 내려 주시겠어요?

탑승권 번호를 보여 주실 수 있으세요?
(자리를 착각하여 앉아 있는 사람에게)

환전소에서

20달러짜리로 주시겠어요?

잔돈을 섞어 주시겠어요?

거리에서

ABC 호텔로 어떻게 가야 하는지 알려 주시겠어요?

상대에게 무언가를 부탁할 때 쓸 수 있는 만능 표현이다. 정중하게 부탁하고 싶을 때는 이 표현을 써 보자. Could you ~?도 거의 같은 의미로 쓴다.

우쥬 헬프 미
Would you help me?

우쥬 풋 디스 백 업 데얼
Would you put this bag up there?

크쥬 컴 백 레이러
Could you come back later?

크쥬 김미 언 이머그래이션 카드
Could you give me an immigration card?

크쥬 김미 어 커스텀즈 데클러레이션 폼
Could you give me a customs declaration form?

크쥬 스픽 모얼 슬로울리
Could you speak more slowly?

크쥬 뤼핏 댓 어겐
Could you repeat that again?

크쥬 풀 더 쉐이(드) 다운
Could you pull the shade down?

크쥬 쑈 미 유어 티킷 넘버 플리즈
Could you show me your ticket number, please?

우쥬 기브 댓 투 미 인 투웬티 달러 빌스
Would you give that to me in twenty-dollar bills?

크쥬 인클루드 썸 스몰 췌인지
Could you include some small change?

크쥬 텔 미 하우 투 겟 투 디 에이비씨 호텔
Could you tell me how to get to the ABC Hotel?

역까지 가는 길을 알려 주시겠어요?

저희 사진 좀 찍어 주시겠어요?

호텔에서

제 귀중품을 맡아 주시겠어요?

택시를 불러 주시겠어요?

짐을 맡아 주시겠어요?

계산은 방에 달아 주시겠어요? (호텔 레스토랑에서)

제 짐을 찾으러 와 주시겠어요?

체크인까지 짐을 맡아 주시겠어요?

무료 와이파이 접속 방법을 알려 주시겠어요?

와이파이 비밀번호를 알려 주시겠어요?

음식점에서

(메뉴를 아직 정하지 못했을 때) 나중에 다시 와 주시겠어요?

(메뉴를 아직 정하지 못했을 때) 시간을 조금 더 주시겠어요?

이 요리에 잘 맞는 와인을 추천해 주시겠어요?

쇼핑하면서

진열장의 가방을 보여 주시겠어요?

다른 것을 보여 주시겠어요?

할인해 주실 수 있나요?

그걸 종이봉투에 넣어 주시겠어요?

크쥬 텔 미 하우 투 겟 투 더 스테이션
Could you tell me how to get to the station?

크쥬 테이커 픽쳘 오브 어쓰
Could you take a picture of us?

우쥬 킵 마이 밸류어블스
Would you keep my valuables?

우쥬 콜 미 어 택시
Would you call me a taxi?

우쥬 킵 마이 배기쥐
Would you keep my baggage?

우쥬 촬짓 투 마이 룸
Would you charge it to my room?

우쥬 컴 투 피컵 마이 러기쥐
Would you come to pick up my luggage?

우쥬 킵 마이 러기쥐 틸 더 췌킨 타임
Would you keep my luggage till the check-in time?

크쥬 쑈 미 하우 투 커넥 투 더 프리 와이 파이
Could you show me how to connect to the free Wi-Fi?

우쥬 텔 미 더 와이 파이 패스워드
Would you tell me the Wi-Fi password?

우쥬 컴 백 레이러
Would you come back later?

크쥬 기버써 리를 모얼 타임 플리즈
Could you give us a little more time, please?

우쥬 뤠컴멘더 굳 와인 포 디스 디쉬
Would you recommend a good wine for this dish?

우쥬 쑈 미 더 백 인 더 윈도우
Would you show me the bag in the window?

우쥬 쑈 미 어나덜 원
Would you show me another one?

우쥬 깁미 어 디스카운트
Would you give me a discount?

우쥬 푸릿 이너 페이펄 백
Would you put it in a paper bag?

이것을 선물용으로 포장해 주시겠어요?

그것들을 따로따로 포장해 주시겠어요?

가격표를 떼 주시겠어요?

이걸 호텔까지 배달해 주시겠어요?

Column 9 알아 두면 득이 되는 단어와 표현

렌터카

소형차	컴팩트 카 **compact car**
중형차	미드 싸이즈드 카 **mid-sized car**
대형차	풀 싸이즈드 카 **full-sized car**
레저용 차량	뤠크리에이셔널 비히클 뤡비 **recreational vehicle/rec-v**
에어컨	에어 컨디셔닝 **air conditioning**
에어백	에어 백 **air bag**
엔진	엔진 **engine**
열쇠	키 **key**
(차량의) 경적	혼 **horn**
사이드 브레이크	이멀전씨 브레이크 **emergency brake**
방향 지시등	턴 씨그널 **turn signal**
수동 변속기	스틱 쉬프트 **stick shift**
핸들	스티어링 윌 **steering wheel**
기어 전환 장치	기어쉬프트 **gearshift**
와이퍼	윈쉴드 와이퍼즈 **windshield wipers**
액셀(가속 페달)	액셀러레이터 개스 페들 **accelerator/gas pedal**
브레이크(제동 장치)	브레이크 **brake**
클러치 페달	클러취 **clutch**
백미러	뤼어뷰 미러 **rearview mirror**
사이드미러	싸이드뷰 미러 **sideview mirror**

우쥬 기프트 랩 디스
Would you gift-wrap this?

우쥬 랩 댐 세퍼럿리
Would you wrap them separately?

우쥬 테이커프 더 프라이스 택
Would you take off the price tag?

크쥬 딜리버 디스 투 마이 호텔
Could you deliver this to my hotel?

안전띠	씨트 벨트	**seat belt**
차양	바이저	**visor**
뒷자리	백 씨트	**back seat**
앞자리	프론트 씨트	**front seat**
조수석	패신저(스) 씨트	**passenger's seat**
운전석	드라이벌(스) 씨트	**driver's seat**
어린이용 안전 시트	차일드 세이프티 씨트	**child safety seat**
트렁크	트렁크	**trunk**
자동차 번호판	라이선스 플레이트	**license plate**
연료통	개스 탱크	**gas tank**
배터리	배러리	**battery**
범퍼	범퍼	**bumper**
앞 유리	윈쉴드	**windshield**
헤드라이트(전조등)	헤들라잇	**headlight**
머플러(소음기)	머플러	**muffler**
예비 타이어	스페얼 타이어	**spare tire**
차량 내비게이션 시스템	카 내비게이션 시스템	**car navigation system**
휘발유	개솔린 개스 페트롤	**gasoline** 미 **/gas** 미 **/petrol** 영
프리미엄 휘발유	프리미엄 개솔린 페트롤	**premium gasoline/petrol**
무연 휘발유	언레디드 개솔린 페트롤	**unleaded gasoline/petrol**
일반 휘발유	뤠귤러 개솔린 페트롤	**regular gasoline/petrol**
주유소	개(스) 페트롤 스테이션	**gas/petrol station**
연료통을 가득 채우기	퓔럽	**fill-up**

May I ~?

~해도 될까요?

Variation

기내에서

의자를 젖혀도 될까요?

앉아도 될까요? (비어 있는 자리를 가리키면서)

펜을 써도 될까요?

지나가도 될까요? (창 쪽 자리에서 통로로 나올 때)

햇빛 가리개를 올려도 될까요?

햇빛 가리개를 내려도 될까요?

거리에서

여기서 사진을 찍어도 될까요?

호텔에서

부탁 좀 드려도 될까요?

쇼핑하면서

좀 봐도 될까요?

이거 입어 봐도 될까요?

이거 만져 봐도 될까요?

화장실을 써도 될까요?

Point!

자신이 하고 싶은 것에 대해 상대방에게 허가를 구할 때 쓰는 표현이다. Can I ~?보다 정중한 표현이다.

메이 아이 뤼클라인 마이 씨트
May I recline my seat?

메이 아이
May I?

메이 아이 유즈 유어 펜
May I use your pen?

메이 아이 겟 쓰루
May I get through?

메이 아이 풀 더 쉐이드 업
May I pull the shade up?

메이 아이 풀 더 쉐이(드) 다운
May I pull the shade down?

메이 아이 테이커 픽철 히얼
May I take a picture here?

메이 아이 에스큐 어 페이버
May I ask you a favor?

메이 아이 테이커 룩
May I take a look?

메이 아이 트라이 디스 온
May I try this on?

메이 아이 터치 디스
May I touch this?

메이 아이 유즈 더 뤠스트룸
May I use the restroom?

Is this ~?

이건 ~인가요?

Variation

기내에서

이건 당신의 것인가요?
(자신의 자리에 놓여 있는 짐을 가리키며)

호텔에서

이건 내일 조식권인가요?
(전달해 받은 식사권을 가리키며)

음식점에서

이건 양고기인가요?

이건 느끼한가요?

이건 매운가요?

쇼핑하면서

이건 스몰 사이즈인가요?

이건 미디엄 사이즈인가요?

이건 라지 사이즈인가요?

이건 울 소재인가요?

이건 세일 중인가요?

이게 제 사이즈인가요?

자기 앞에 있는 것을 확인할 때 쓸 수 있는 만능 표현이다. 음식점에서 나온 요리가 정말로 자기가 주문한 것인지 확인하고 싶을 때나, 쇼핑하면서 사이즈나 소재를 확인하고 싶을 때 모두 Is this ~?로 물어볼 수 있다.

이즈 디스 유어즈
Is this yours?

이즈 디스 포 투마로우즈 브렉퍼스트
Is this for tomorrow's breakfast?

이즈 디스 램
Is this lamb?

이즈 디스 오일리
Is this oily?

이즈 디스 스파이씨
Is this spicy?

이즈 디(스) 스몰
Is this small?

이즈 디스 미디엄
Is this medium?

이즈 디스 라지
Is this large?

이즈 디스 울
Is this wool?

이즈 디스 온 쎄일
Is this on sale?

이즈 디스 마이 싸이즈
Is this my size?

생각과는 다른 의외의 단어

비닐봉지	플래스틱 백 **plastic bag**
음식 포장용 랩	플래스틱 랩 **plastic wrap**
알루미늄 호일	알루미넘 포일 포일 **aluminum foil/foil**
세제	디털전트 **detergent**
조리(끈을 발가락 사이로 끼워 신는 샌들)	플립 플랍스 **flip-flops**
판지 상자	카드보드 박스 칼튼 **cardboard box/carton**
에어캡(뽁뽁이)	버블 랩 **bubble wrap**
포장 테이프	팩킹 테잎 팩키징 테잎 **packing tape/packaging tape/** 덕트 테잎 **duct tape**
(접착용) 테이프	테잎 스카치 테잎 **tape/Scotch tape**
스테이플러	스테이플러 **stapler**
끈	스트링 **string**
고무줄	일레스틱 밴드 뤄버 밴드 **elastic band/rubber band**
풀	글루 **glue**
드라이버	스크루드라이버 **screwdriver**
십자 드라이버	크로(스) 슬랏 스크루드라이버 **cross slot screwdriver/** 필립(스) 스크루드라이버 **Phillips screwdriver**
일자 드라이버	스트레잇 슬랏 스크루드라이버 **straight slot screwdriver/** 플랫헤드 스크루드라이버 **flathead screwdriver**
펜치	니펄스 플라이어스 **nippers/pliers**

Chapter 3

이것까지도 말할 수 있으면 세계 어디를 가도 문제없다

Chapter 2에서 마법의 만능 표현 10을 다 익혔다면 다음 단계로 끝장 만능 표현 10에 도전해 보세요. 여기서는 상대가 말한 것을 확인할 때 편리하게 쓸 수 있는 Do you mean ~?, 모르는 것이나 정보를 접했을 때 질문하기 위한 What is ~?, 가격이나 시간을 확인할 때의 How much ~? 등 대화를 원활하게 해 줄 만능 표현을 소개합니다.

여행 중에 일어날 수 있는 다양한 상황을 설정하여 대화를 소개하고 있으니 오디오를 듣거나 직접 소리내어 읽어 보면서 회화 연습을 해 보세요.

Do you mean ~?

~ 말인가요?

Point!

누군가에게 뭔가에 대한 설명을 듣게 된다면 모르는 게 있더라도 건성으로 들어서는 안 된다. 재빨리 Do you mean ~?으로 확인해 보자. 만약 ~이 맞는지 확인하고 싶다면 정말 알고 싶다는 표정으로 Do you mean ~?이라고만 해도 절실함이 어느 정도는 통할 것이다.

Key expressions

두 유 민 디스
Do you mean this?
이것 말인가요?

두 유 민 댓 스토어
Do you mean that store?
저 가게 말인가요?

* 길 안내 설명을 듣고 있을 때

Exercise

이것 말인가요?
한 사람당 말인가요?
저 가게 말인가요?

Dialogue 1

호텔 투어 데스크에서 문의할 때

나 : **How much is that Candle Light Dinner?**

상대 : **One hundred and fifty-nine dollars.**

나 : **Do you mean per person?**

상대 : **That's right.**

나 : 그 캔들라이트 디너는 얼마인가요?
상대 : 159달러예요.
나 : 한 사람당 말인가요?
상대 : 네, 맞습니다.

Dialogue 2

극장에서 티켓을 보여 달라고 할 때

상대 : **May I see your ticket?**

나 : **What do you mean?**

상대 : **The entrance ticket. The pink one.**

나 : **Do you mean this?**

상대 : **Yes. Go to number 10 on your right side.**

상대 : 티켓을 보여 주시겠어요?
나 : 무슨 말씀이신가요?
상대 : 입장하실 때 받은 티켓이요. 분홍색 종이인데요.
나 : 이것 말인가요?
상대 : 네. 오른쪽에 있는 10번 상영관으로 가세요.

* 극장 안에 여러 개의 상영관이 있기 때문에 티켓을 받아갈 때 어디로 가야 하는지 구체적으로 알려 준다.

Do you mean this?
Do you mean per person?
Do you mean that store?

What is ~?

~이 뭔가요?

모르는 것이 있을 때는 바로바로 질문하자. What is ~? 하나면 충분하다. 음식점에서 메뉴를 모를 때, 여행 팸플릿에 써 있는 정보가 잘 이해가 안 될 때 등, 이럴 땐 물어보려고 하는 것을 가리키면서 What is this?라고 간단히 물어보자.

Key expressions

와리즈 투데이(스) 스페셜

What is today's special?

오늘의 추천 메뉴가 뭔가요?

와리즈 디스

What is this?

이게 뭔가요?

* 음식점에서 나온 요리가 뭔지 잘 모를 때

Exercise

이게 뭔가요?

오늘의 추천 메뉴가 뭔가요?

저게 뭔가요?

Dialogue 1

음식점에서 추천 메뉴를 물어볼 때

나　: **What is today's special?**

상대 : **Grilled mahi-mahi.**

나　: **What is mahi-mahi?**

상대 : **White fish. It tastes good.**

나　: 오늘의 추천 메뉴가 뭔가요?
상대 : 구운 마히마히예요.
나　: 마히마히가 뭔가요?
상대 : 흰살생선이에요. 맛이 좋아요.

* 타히티의 국민 생선이라 불릴만큼 유명한 마히마히(만새기)는 전갱이목 만새기과에 속하는 바닷물고기로 주로 태평양이나 대서양에 서식한다.

Dialogue 2

여행이 끝난 후 가이드가 포장된 작은 물건을 줄 때

상대 : **What's this?**

나　: **This is a gift from ABC Travel Agency.**

상대 : **Thank you. May I open it?**

나　: **Sure.**

상대 : 이게 뭔가요?
나　: ABC 여행사에서 드리는 선물이에요.
상대 : 고마워요. 열어 봐도 될까요?
나　: 물론이죠.

What's this?
What is today's special?
What's that?

What kind of ~?

어떤 종류의 ~?

어떤 종류가 있는지 물어볼 때 쓸 수 있는 만능 표현이다. 자신이 원하는 것이 있는지 확인할 때 쓰기 좋은 표현이 바로 What kind of ~ do you have?이다. 기내에서 서비스로 받을 신문을 확인할 때도 What kind of Korean newspapers do you have?(한국 신문은 어떤 게 있나요?)라고 할 수 있다.

Key expressions

왓 카인드 오브 드링스 두 유 해브

What kind of drinks do you have?

무슨 음료가 있어요?

왓 카인드 오브 푸드 이즈 디스

What kind of food is this?

이건 어떤 음식이에요?

* 지방 특산 요리에 대해 알고 싶을 때

Exercise

무슨 맥주가 있어요?

어떤 종류의 신문이 있어요?

어떤 음식을 좋아해요?

Dialogue 1

음식점에서 지방 특산 요리를 추천 받을 때

나　: **What kind of local food do you have?**

상대 : **Well, you want to know my recommendation?**

나　: **Yeah.**

상대 : **I recommend the "tagine", a Moroccan stew.**

나　: 지방 특산 요리로는 어떤 것이 있어요?
상대 : 저, 제가 추천해 드릴까요?
나　: 네.
상대 : '타진'이라는 모로코 스튜를 추천해 드릴게요.

Dialogue 2

기내에서 와인에 대해 물을 때

상대 : **Would you like something to drink?**

나　: **Yes. What kind of red wine do you have?**

상대 : **We have French, Australian, and Chilean.**

상대 : 음료 좀 드시겠어요?
나　: 네. 레드와인은 어떤 게 있어요?
상대 : 프랑스 와인, 오스트레일리아 와인, 칠레 와인이 있습니다.

What kind of beer do you have?
What kind of newspapers do you have?
What kind of food do you like?

Which is ~?

어떤 것이 ~인가요?

Point!

뭔가를 확인할 때 유용하게 쓸 수 있는 표현이다. 예를 들어 음식점에서 주문한 음식이 나왔는데 자기가 주문한 것이 어떤 것인지 모를 때 이 표현을 쓸 수 있다. Which is mine?(어떤 것이 제가 주문한 것이에요?) 또는 Which is chicken?(어떤 것이 닭고기예요?) 등과 같이 쓰면 된다.

Key expressions

위치 이즈 마인

Which is mine?

어떤 것이 제 거예요?

위치 이즈 췹펄

Which is cheaper?

어떤 것이 더 싸요?

Exercise

어떤 것이 제 거예요?

어떤 것이 더 싸요?

어떤 것이 당신 거예요?

Dialogue 1

음식점에서 메뉴에 대해 물어볼 때

나　: **Which is mine? I mean, which is chicken soup?**

상대 : **This one.**

나　: **Thanks.**

나　: 어떤 것이 제가 주문한 것이에요? 제 말은 치킨수프가 어떤 건지 해서요.

상대 : 이거예요.

나　: 고마워요.

Dialogue 2

가게에서 물건을 고를 때

상대 : **May I help you?**

나　: **I'm not sure which one to take.**

상대 : **Uh-huh.**

나　: **Which is cheaper?**

상대 : 도와드릴까요?

나　: 어떤 것으로 해야 할지 잘 모르겠네요.

상대 : 아, 네.

나　: 어떤 게 더 싼가요?

Which is mine?

Which is cheaper?

Which is yours?

How much ~?

얼마 / 어느 정도 ~?

How much는 가격에 관한 표현일뿐 아니라 시간에도 쓸 수가 있다는 것을 기억해 두자.

Key expressions

하우 머취 이즈 디스 원

How much is this one?

이건 얼마인가요 ?

* 쇼핑 중 가격을 확인할 때

하우 머취 타임 두 위 해브 레프트

How much time do we have (left)?

시간이 얼마나 (남아) 있어요?

* 단체 관광 중 시간을 확인할 때

Exercise

이건 얼마인가요?

시간이 얼마나 있어요?

어느 정도를 원하세요?

Dialogue 1

현지에서 쇼핑할 때

나 : **How much is this one?**

상대 : **Twenty dollars.**

나 : **Really? How about the smaller one?**

상대 : **Ten dollars.**

나 : 이건 얼마예요?
상대 : 20달러예요.
나 : 그래요? 그럼 더 작은 것은요?
상대 : 10달러예요.

Dialogue 2

단체 관광 중 점심은 자유 시간이라는 말을 들었을 때

나 : **How much time do we have?**

상대 : **Forty-five minutes.**

나 : **Then, you mean we should come back here by one?**

상대 : **That's right.**

나 : 시간이 얼마나 있어요?
상대 : 45분이요.
나 : 그럼, 1시까지 여기에 돌아와야 한다는 건가요?
상대 : 네, 맞아요.

How much is this one?
How much time do we have?
How much do you want?

How long ~?

얼마나 오래 / 얼마나 긴 ~?

시간이나 물건의 길이를 물을 때 쓰는 표현이다. 한편 거리를 나타낼 때는 long이 아닌 far를 쓴다. 역까지 가는 시간이 아니라 자기가 있는 장소에서 역까지 가는 거리를 알고 싶을 때는 How far is it from here to the station?이라고 물으면 된다.

Key expressions

하울롱 이즈

How long is ~?

~의 길이는 얼마나 되나요?

하울롱 해브 유 벤 플레잉 테니스

How long have you been playing tennis?

테니스를 친지 얼마나 됐어요?

Exercise

아마존강의 길이는 얼마나 되나요?

역까지 가는데 얼마나 걸리나요?

얼마나 오랫동안 그걸 알아 왔나요?

Dialogue 1

이집트에서 현지 가이드와 대화할 때

나　: **How long is the Nile River?**

상대 : **It is about 6,700 kilometers long.**
The longest river in the world.

나　: **How long does that Nile Dinner Cruise you mentioned take?**

상대 : **About three hours.**

나　: 나일강의 길이가 얼마나 되죠?
상대 : 약 6,700킬로미터로 세계에서 가장 긴 강이죠.
나　: 아까 말씀하신 나일강 디너 크루즈는 시간이 얼마나 걸리나요?
상대 : 3시간 정도요.

Dialogue 2

기내에서 옆 사람과 대화할 때

나　: **So you like to play tennis?**

상대 : **Yeah. I started when I joined my company.**

나　: **How long have you been playing?**

상대 : **About thirty years.**

나　: 그럼 테니스가 취미세요?
상대 : 네. 입사하면서 치기 시작했어요.
나　: 그럼 테니스를 얼마나 치신 거예요?
상대 : 30년 정도 되네요.

How long is the Amazon River?
How long does it take to the station?
How long have you known that?

How often ~?

어느 정도(의 빈도로) ~? / 얼마나 자주 ~?

Point!

빈도를 물어볼 때 쓰는 표현이다. 교통 기관에 관한 정보 수집을 하고 싶을 때 등, 여행 중에는 의외로 자주 쓰게 되는 표현이다.

Key expressions

하우 오픈 더즈 더 버스 컴

How often does the bus come?

버스가 몇 분 간격으로 오나요?

하우 오픈 두 유 플레이 골프

How often do you play golf?

얼마나 자주 골프를 치나요?

Exercise

- 버스가 몇 분 간격으로 출발해요?
- 얼마나 자주 골프를 치나요?
- 얼마나 자주 술 마시러 가나요?

Dialogue 1

호텔 프런트에서 셔틀버스 서비스에 대해 문의할 때

나 : **How often does the airport shuttle bus leave?**

상대 : **Every fifteen minutes.**

나 : 공항 셔틀 버스는 몇 분 간격으로 출발해요?

상대 : 15분 간격으로요.

Dialogue 2

단체 관광에서 함께 있게 된 다른 손님과 취미에 관한 대화를 할 때

상대 : **So you like to play golf?**

나 : **Yeah, I started when I joined my company.**

상대 : **How often a week do you play?**

나 : **I go about once or twice a month.**

상대 : 그럼 골프가 취미세요?

나 : 네, 입사하면서 치기 시작했어요.

상대 : 일주일에 몇 번 정도 치세요?

나 : 한 달에 한두 번정도요.

How often does the bus leave?

How often do you play golf?

How often do you go drinking?

How about ~?

~은 어때요?

Point!

상대방의 대답을 들은 후 '~은 어때요?'라고 제안을 할 때 쓸 수 있는 표현이다. How about은 또한 무언가를 권하는 표현이기도 해서 음식점에서 자주 쓴다.

Key expressions

하우 어바웃

How about ~?

~은 어때요?

Exercise

내일은 어때요?

커피 드실래요?

6시는 어때요?

Dialogue 1

현지 가이드에게 내일의 출발 시간을 물을 때

나　: **What time will we be leaving tomorrow?**

상대 : **About six o'clock.**

나　: **That's too early for me.**

상대 : **How about at seven, then?**

나　: 내일은 몇 시 정도에 출발하게 될까요?
상대 : 6시쯤이요.
나　: 좀 빠르네요.
상대 : 그럼, 7시는 어떠세요?

Dialogue 2

음식점에 전화로 예약할 때

나　: **Can I make a reservation at eight?**

상대 : **I'm afraid all the tables are taken.**

나　: **How about at nine?**

상대 : **Let me check.**

나　: 8시에 예약할 수 있나요?
상대 : 죄송합니다만, 만석이에요.
나　: 9시는 어떤가요?
상대 : 확인해 볼게요.

How about tomorrow?
How about some coffee?
How about at six?

I'll ~.

~할게요

자신의 의지를 나타낼 때 쓰는 표현이다. 한편 단순히 내일의 예정(무엇을 할 예정인지)을 말할 때는 I'll이 아닌 I'm going to를 써서 I'm going to play tennis tomorrow.(내일은 테니스를 칠 예정이에요.)처럼 표현한다.

Key expressions

아일 해브
I'll have ~.

~으로 할게요.

* 살 물건을 정했다거나 음식 메뉴를 골랐을 때

아일 씽커바우릿
I'll think about it.

조금 생각해 볼게요.

* 뭔가를 바로 정하지 못할 때

Exercise

이걸로 할게요.

조금 생각해 볼게요.

스테이크로 할게요. (식사 주문)

Dialogue 1

음식점에서 메뉴를 주문할 때

상대 : **Have you decided?**

나 : **Yes, I'll have a T-bone steak.**

상대 : **With a baked potato or mashed potatoes?**

나 : **A baked potato, please.**

상대 : 메뉴 정하셨어요?

나 : 네, 티본스테이크로 할게요.

상대 : 곁들여 나오는 감자는 구운 감자와 으깬 감자 중 어떤 것으로 하시겠어요?

나 : 구운 감자로 할게요.

Dialogue 2

가게에서 물건을 고를 때

상대 : **May I help you?**

나 : **Yes, do you have this in pink?**

상대 : **I'm afraid not. But I think that blue one will look good on you.**

나 : **Thanks, I'll think about it.**

상대 : 도와드릴까요?

나 : 네, 이걸로 분홍색 있나요?

상대 : 안타깝게도 없네요. 하지만 파란색도 잘 어울리실 것 같아요.

나 : 고마워요, 좀 생각해 볼게요.

I'll have this one.

I'll think about it.

I'll have a steak.

I need ~.

~을 주세요 / ~이 필요한데요

Point!

필요한 것이 있을 때 사용할 수 있는 간단한 표현이다. 한편 need to는 '~해야겠다'라는 표현이다. I need to go.(슬슬 가 봐야겠어요.) , How much do I need to pay?(얼마를 내야만 하나요?)처럼 쓸 수 있다.

Key expressions

아이 니던 엑스트라 블랭킷

I need an extra blanket.

여분의 담요가 필요한데요.

아이 니드 썸 핼프

I need some help.

도움이 좀 필요해요.

Exercise

도움이 좀 필요해요.

여분의 담요가 필요한데요.

슬슬 가 봐야겠어요.

Dialogue 1

기내에서 콜버튼을 누르고 담요를 부탁할 때

상대 : **What can I do for you?**

나 : **I need an extra blanket.**

상대 : **I'll bring one right away.**

상대 : 뭘 도와 드릴까요?

나 : 여분의 담요가 필요한데요.

상대 : 바로 가져다 드리겠습니다.

Dialogue 2

호텔 방의 화장실이 고장 나서 프런트에 전화할 때

나 : **Hi. I need some help.**

상대 : **What's the matter?**

나 : **The water in the toilet keeps running.**

상대 : **I'll send a repairman right over.**

나 : 여보세요. 도움이 좀 필요한데요.

상대 : 무슨 일이세요?

나 : 화장실 물이 계속 흐르고 있어요.

상대 : 바로 수리하는 사람을 보내 드리겠습니다.

I need some help.

I need an extra blanket.

I need to go.

음식점

여분의 접시	엑스트라 플레이트 extra plate
스크램블드에그	스크램블드 에그 scrambled egg
계란프라이	프라이드 에그 fried egg
오믈렛	오믈럿 omelette
감자튀김	프렌취 프라이즈 칩스 French fries/chips
롤빵	롤 roll
프랑스빵	프렌취 브레드 French bread
크루아상	크루싼트 croissant
흰 빵	와이트 브레드 white bread
(새끼양의) 양고기	램 lamb
칠면조(고기)	털키 turkey
송아지고기	비얼 veal
대구	커드 cod
게	크랩 crab
바닷가재	랍스터 lobster
새우	프런 prawn
작은 새우(prawn보다 크기가 작다.)	슈림프 shrimp
굴	오이스털 oyster
대합조개	클램 clam
바비큐에서 요리한	발비큐드 barbecued
삶은	보일드 boiled
튀긴	프라이드 fried
그릴에 구운	그릴드 grilled
오븐에 구운	베익트 baked
불 위에 직접 또는 오븐에 구운	로우스티드 roasted
훈제의	스목트 smoked
뭉근히 끓인	스투드 stewed

Chapter 4

인사, 말걸기, 대답도 이것만 알면 문제없다

여행지의 어느 호텔, 문득 눈이 마주친 상대가 Hi! 하고 인사를 건네죠. 마트에서 물건을 사고 나오는데 점원이 Have a nice day!라고 말합니다. 그럴 때마다 뭐라고 대답해야 좋을지 몰라 당황스러웠던 기억이 한두 번쯤은 있으실 거예요.

인사의 기본부터 확실하게 익혀 다음 여행부터는 신바람 나게 인사를 나눠 보세요. 분명 여행의 즐거움이 한층 더해질 것입니다. 상대에게 사과를 받거나 고맙다는 인사를 들을 때 하면 좋은 표현이나 맞장구칠 수 있는 다양한 응용 표현도 소개합니다.

당장 적용해 봐도 좋을 간단한 표현들을 여기에서 소개하고 있습니다. 충분히 연습한 후 실제 여행지에서 자유롭게 활용해 보시기 바랍니다.

Hi.

안녕 / 안녕하세요

우리말의 '안녕. / 안녕하세요.'에 해당하는 것이 Hi.이다. 가게에서, 호텔에서, 공항에서 누군가에게 말을 걸 때 먼저 Hi.라고 인사를 한 후 말을 시작하게 되면 말이 훨씬 부드럽게 나온다. 가게에서 직원이 손님에게 말을 걸 때도 이런 경우가 많다. 상대방이 먼저 Hi.하고 인사를 건네면 똑같이 Hi.라고 대답하면 된다.

Key expressions

헬로우
Hello.

안녕. / 안녕하세요.

*** 가장 기본적인 표현 중의 하나지만 의외로 자주 들을 수 없을지도 모른다. 미국의 젊은이들은 친한 사이에 Hey.를 더 많이 쓰기 때문이다.**

Exercise

안녕.

안녕하세요.

어서 오세요.

Dialogue 1

호텔에서 체크인 할 때

상대 : **Hi.**

나 : **Hi. I'd like to check in, please.**

상대 : **Sure. May I have your name?**

나 : **Dan Kim.**

상대 : 어서 오세요.
나 : 안녕하세요. 체크인 하고 싶은데요.
상대 : 네. 이름을 알려 주시겠어요?
나 : 김단이에요.

Dialogue 2

약국에서 약을 찾을 때

나 : **Hi.**

상대 : **Hi.**

나 : **Excuse me. Do you have cold medicine?**

상대 : **It's in aisle 2, on the top shelf.**

나 : 안녕하세요.
상대 : 어서 오세요.
나 : 저, 감기약 있나요?
상대 : 두 번째 통로 맨 위 선반에 있어요.

Hi.
Hello.
Hi.

How are you? / How are you doing?

잘 지내?

'잘 지내?' '요즘 어때?'란 뜻으로 쓰는 일반적인 표현이다. 이 중 How are you doing?이 보다 격식 차리지 않고 편하게 쓰는 말이다.

Key expressions

하우짓 고잉

How's it going?

잘 지내?

*** 이 말은 실제 대화에서 가장 많이 듣게 되는 표현으로 격식 차리지 않고 조금은 편하게 쓰는 말이다.**

왓첩

What's up?

어떻게 지내?

*** 친한 사이에서 안부를 묻는 표현이다.**

Exercise

잘 지내?

요즘 어때?

잘 지내?

Dialogue 1

호텔에서 나오는데 직원이 말을 걸었을 때

상대 : How are you **this morning?**

나 : **Fine. I'm going whale watching today.**

상대 : **It looks like it will be a nice day for it!**

나 : **Thanks. See you.**

상대 : 오늘 아침 기분이 어떠신가요?
나 : 좋아요. 오늘은 고래 투어를 하러 가요.
상대 : 고래 투어하기에 좋은 날씨 같네요!
나 : 고마워요. 그럼 가 볼게요.

Dialogue 2

로지(펜션과 비슷한 시골의 숙박 시설)에서 나오는데 직원이 말을 걸었을 때

상대 : How's it going?

나 : **Good. I'm going trekking today.**

상대 : **Enjoy!**

나 : **I will. Thank you.**

상대 : 기분이 어떠세요?
나 : 좋아요. 오늘은 트레킹 가려구요.
상대 : 즐거운 시간 되세요!
나 : 네. 고마워요.

How are you?
How are you doing?
How's it going?

Nice to meet you.

처음 뵙겠습니다 / 만나서 반가워요

'처음 뵙겠습니다.' '잘 부탁해요.'라고 말할 때 쓰는 일반적인 표현이다. 상대가 이렇게 말하면 나 역시 Nice to meet you.라고 말하면 된다. It was good to meet (see) you.는 처음 만난 사람과 헤어질 때 하는 '만나서 반가웠어요.(그럼, 실례할게요.)'라는 뜻의 인사말이다. Nice to meeting you. / Nice talking to you. 모두 같은 뜻으로 쓸 수 있는 표현이다. 전철이나 비행기에서 옆자리에 앉아 친해진 사람과 헤어질 때, 처음으로 전화 통화를 나눈 후 끊을 때도 쓸 수 있는 표현이다.

Key expressions

하우 두 유 두 ↘

How do you do?

처음 뵙겠습니다.

* 누군가를 처음 만났을 때 일반적으로 쓰는 인사말이다. 상대가 이렇게 말하면 나도 How do you do?라고 대답하면 된다.

잇 워즈 굳 투 밋 유

It was good to meet you.

만나서 반가웠습니다.

* 헤어질 때 할 수 있는 인사말로 It was good to see you. 라고도 할 수 있다.

Exercise

처음 뵙겠습니다.

만나서 반가워요.

만나서 반가웠습니다. (헤어질 때)

Dialogue 1

현지 가이드와 호텔 로비에서 처음 만났을 때

상대 : **Excuse me, Mr. Dan Kim?**

나 : **Yes.**

상대 : **Hello.** **Nice to meet you.** **I'm Catherine from ABC Travel Agency.**

나 : **How do you do? Nice to meet you.**

상대 : 저, 김단 씨인가요?

나 : 그런데요.

상대 : 안녕하세요. 처음 뵙겠습니다. ABC 여행사에서 나온 캐서린입니다.

나 : 처음 뵙겠습니다. 만나서 반가워요.

Dialogue 2

비행기에서 옆 사람과 대화를 할 때

상대 : **How long will you be staying in New York?**

나 : **Around four days.**

상대 : **That should be fun. Well, it was good to meet you.**

나 : **Likewise.**

상대 : 뉴욕에서 얼마나 머무르실 건가요?

나 : 4일 정도요.

상대 : 재미있겠어요. 그럼, 만나 뵙게 되어 반가웠습니다.

나 : 저도 반가웠어요.

How do you do?

Nice to meet you.

It was good to meet you.

Have a nice day!

좋은 하루 되세요!

헤어질 때 하는 인사말의 하나이다. 슈퍼마켓에서 계산대의 직원이 손님에게, 호텔에서 나올 때 직원이 손님에게 이 표현으로 인사하는 경우가 많다.

Key expressions

해버 그레잇 데이
Have a great day.
즐거운 하루 되세요.

해버 원더풀 데이
Have a wonderful day.
즐거운 하루 되세요.

Exercise

좋은 하루 되세요!

즐거운 하루 되세요.

즐거운 하루 되세요.

Dialogue 1

슈퍼마켓 계산대에서

상대 : **Plastic or paper?**

나 : **Paper, please.**

상대 : **Here you are. Have a nice day.**

나 : **Thanks. You, too.**

상대 : 비닐봉지로 하시겠어요? 종이봉투로 하시겠어요?

나 : 종이봉투로요.

상대 : 여기 있어요. 좋은 하루 되세요.

나 : 고마워요. 수고하세요.

Dialogue 2

호텔에서 나가려고 하는데 직원이 말을 걸어 올 때

상대 : **Mr. Kim, how are you this morning?**

나 : **Good.**

상대 : **Have a nice day.**

나 : **Thanks. You, too.**

상대 : 김 선생님, 오늘 아침 기분이 어떠세요?

나 : 좋아요.

상대 : 오늘 하루 잘 보내세요.

나 : 고마워요. 수고하세요.

Have a nice day!

Have a great day.

Have a wonderful day.

Yes. / OK.

네 / 맞아요

'네.' '맞아요.' '그럼 부탁드립니다.' '그렇군요.' 등의 뜻으로 질문에 대해 긍정적으로 말할 때의 만능 표현이다. 한편 영어의 경우 우리말과 달리 질문의 형태에 관계없이 내 대답이 긍정이면 Yes, 부정이면 No라고 해야 한다. You don't like dogs, do you?(너 개 좋아하지 않는구나, 그렇지?)라는 질문을 들었을 때 '네, 안 좋아해요.'라고 말하려면 Yes가 아닌 No로 답해야 한다. Do you mind ~?(~해도 될까요?)로 질문 받았을 때, '네, 신경 안 써요./하세요.'라고 말하고 싶을 때도 대답은 No라는 것이다.

Key expressions

얍
Yep.

응.

* Yes보다 더욱 격식 없는 말이다. 비슷한 말로 Yeah도 있다.

노
No.

아니요.

* 질문에 부정으로 답할 때에 쓴다.

Exercise

맞아요.

응.

응.

Dialogue 1

만나기로 한 현지 가이드와 자기소개를 마친 후

상대 : **OK. Are you ready? Shall we go?**

나 : Yes. **Let's go!**

상대 : **Did you bring your camera?**

나 : Yep, **got it.**

상대 : 자. 준비되셨나요? 갈까요?
나 : 네. 가요!
상대 : 카메라 가져오셨죠?
나 : 네, 물론이죠.

Dialogue 2

같은 호텔에서 묵은 친구와의 대화

상대 : **Are you going on any tours tomorrow?**

나 : **Yes, I think I'll ride the glass-bottom boat.**

상대 : **Oh, that sounds like fun! Do you mind if I join you?**

나 : No**, not at all.**

상대 : 내일 관광할 거야?
나 : 응, 유리 바닥 보트 탈 생각이야.
상대 : 어, 재밌겠다! 내가 같이 가도 될까?
나 : 응, 물론이지.

Yes.
Yep.
Yeah.

Sure.

그럼요 / 물론이죠

질문에 대해 긍정적으로 답할 때 쓸 수 있는 만능 표현이다. '그럼요.' '물론이죠.(그걸로 좋아요.)' '괜찮아요.'라는 뉘앙스로 쓴다.

Key expressions

파인
Fine.

좋아요.

* '좋아요.' '괜찮아요.'라는 뉘앙스로 답할 때 쓴다.

오브 코올스
Of course.

물론이죠.

* '물론이죠.(그렇게 하세요.)'라고 답할 때 쓴다. 상대방이 자신에게 허락을 구할 때 '그렇게 하세요.'라는 의미를 나타낼 수가 있다.

Exercise

좋아요.

그럼요.

물론이죠.(그렇게 하세요.)

Dialoque 1

비행기 옆자리에 앉은 사람이 통로로 나가려고 할 때

상대 : **Excuse me, can I squeeze through?**

나　: **Sure.**

상대 : 실례지만, 지나가도 될까요?

나　: 그럼요.

Dialoque 2

음식점에서 직원이 테이블에 와서

상대 : **Is everything alright?**

나　: **Yes, everything's fine.**

상대 : 다른 필요한 것이 있으세요?

나　: 아니요, 괜찮아요.

Fine.

Sure.

Of course.

Good.

좋아요 / 잘됐네요

'어떻게 지내요?'라는 질문을 받았을 때 할 수 있는 일반적인 대답으로 '좋아요, 잘 지내요.'라는 의미이다. 질문에 대한 다른 대답에는 Great!(아주 좋아요!), Pretty good!(아주 좋아요!), Not bad.(나쁘지 않아요.) 등이 있다. Good.은 또한 '아, 잘됐네요.' '어머, 그거 잘됐네요.'라고 맞장구칠 때도 쓸 수 있다.

Key expressions

봐인
Fine.

잘 지내요.

* 이 말도 '어떻게 지내요?'라고 물었을 때 대답할 수 있는 '잘 지내요.'라는 뜻의 표현이다.

Exercise

잘 지내요.

좋아요.

잘됐네요.

Dialogue 1

호텔에서 나오려고 하는데 직원이 말을 걸 때

상대 : **Mr. Kim, how are you this morning?**

나　: **Good.**

상대 : **Great. Have a nice day.**

나　: **Thanks, you too.**

상대 : 김 선생님, 오늘 아침 기분이 어떠세요?
나　: 좋아요.
상대 : 잘됐네요. 즐거운 시간 보내세요.
나　: 고마워요, 수고하세요.

Dialogue 2

공항 카운터에서 탑승 수속을 할 때

상대 : **The flight is departing on time.**

나　: **OK, good.**

상대 : **Have a nice flight.**

나　: **Thanks!**

상대 : 비행기가 정각에 출발할 예정입니다.
나　: 네, 잘됐네요.
상대 : 좋은 비행 되세요.
나　: 고마워요!

Good. / Fine.
Good. / Fine.
Good.

All right.

좋아요 / 알겠어요

말투에 따라서는 탐탁지 않게 허락하는 듯한 인상을 줄 수도 있고, '좋아요!'라고 응답하는 말이 되기도 해서 두 가지 경우에 모두 쓸 수 있는 표현이다.

Key expressions

잇츠 올 롸잇
It's all right.
괜찮아요. (제안을 거절할 때)

댓츠 올 롸잇
That's all right.
괜찮아요. (사과에 대한 대답으로)

* 두 문장 모두 맞는 표현이지만 실제 대화에서는 It's OK.가 더 많이 쓰인다.

Exercise

좋아요.
괜찮아요. (제안을 거절할 때)
괜찮아요. (사과에 대한 대답으로)

Dialogue 1

점심시간에 붐비는 음식점에서

상대 : **Hi. May I help you?**

나 : **Hi. Just myself.**

상대 : **It will be a few minutes wait for a table.**

나 : **All right.**

상대 : 어서 오세요. 도와 드릴까요?
나 : 안녕하세요. 저 혼자 왔어요.
상대 : 자리가 나려면 잠시 기다리셔야 해요.
나 : 알겠어요.

Dialogue 2

관광 중에 몸이 조금 안 좋아졌을 때

상대 : **Mr. Kim, are you all right?**

나 : **I'm fine.**

상대 : **Do you need a doctor?**

나 : **No, it's all right. Just car sickness. I've already took some medicine.**

상대 : 김 선생님, 괜찮으신가요?
나 : 괜찮아요.
상대 : 의사를 불러 드릴까요?
나 : 아니요, 괜찮아요. 그냥 멀미 때문이에요. 약은 벌써 먹었어요.

All right.
It's all right.
That's all right.

Here.

여기 있어요

무언가를 전달하거나 내밀 때 '여기 있어요.' '이거 받으세요.'라는 의미로 쓸 수 있는 표현이다. 비슷한 표현으로 Here you go. / Here it is. 등이 있다.

Key expressions

히얼 유 고
Here you go.
여기 있어요.(받으세요.)

히얼 유 아
Here you are.
여기 있어요.(받으세요.)

Exercise

여기 있어요.

여기 있어요.(받으세요.)

여기 있어요.(받으세요.)

Dialoque 1

현지 관광 중 점심시간. 다른 손님과 식사 중일 때

상대 : **Would you pass me the salt?**

나 : **Here.**

상대 : **Thanks.**

상대 : 소금 좀 주시겠어요?

나 : 여기 있어요.

상대 : 고마워요.

Dialoque 2

입국 심사 카운터에서

상대 : **Passport, please.**

나 : **Here you are.**

상대 : 여권 좀 보여 주세요.

나 : 여기 있어요.

Here.

Here you go.

Here you are.

Did you?

그래요?

맞장구칠 때 가장 유용하게 쓸 수 있는 만능 표현이 바로 Did you?, Is it?, Are you?, Did he? 등과 같은 말이다. 상대가 말한 문장에 맞춰 응용하면 되는데 타이밍에 맞춰 적절하게 맞장구를 칠 수 있게 된다면 대화가 점점 풍성해질 것이다.

Key expressions

오 이짓
Oh, is it?
어머, 그래요?

오 아 유
Oh, are you?
어머, 그래요?

Exercise

(We had a good dinner.에 대해) 그래요?

(This is very popular.에 대해) 그래요?

(I can do it.에 대해) 그래요?

Dialogue 1

같이 관광하는 사람과 대화를 나눌 때

상대 : **We had a very good dinner last night.**

나 : **Did you?**

상대 : **But we paid something like 100 dollars each.**

나 : **Wow – that's a lot!**

상대 : 어제 저녁 식사 정말 좋았어요.
나 : 그래요?
상대 : 하지만 우린 한 사람당 100달러 정도를 냈어요.
나 : 와~ 꽤 많네요!

Dialogue 2

선물 가게에서 점원과의 대화

상대 : **Hi. May I help you?**

나 : **I'm looking for a small gift for my friend.**

상대 : **This one is very popular.**

나 : **Oh, is it?**

상대 : 어서 오세요. 뭘 도와 드릴까요?
나 : 친구에게 줄 작은 선물을 찾고 있어요.
상대 : 이게 인기가 좋아요.
나 : 어머, 그래요?

Did you?
Is it?
Can you?

Really?

정말이에요?

한국 사람이 맞장구칠 때 많이 쓰는 표현이다. 항상 Really?만 쓰는 게 아쉽다면 더 다양한 표현들이 있으니 꼭 익혀 보자.

Key expressions

이즈 댓 롸잇
Is that right?

아, 그래요?

* 가볍게 맞장구칠 때 쓸 수 있는 표현이다.

아 유 슈얼
Are you sure?

진짜 맞아요?

* 맞장구치면서 가볍게 확인할 때 쓴다.

Exercise

정말이에요?

진짜 맞아요?

아, 그래요?

Dialogue 1

공항 카운터에서 자리를 지정받을 때

나 : **A window seat, please.**

상대 : **I'm sorry, there are no window seats left.**

나 : **Really?**

상대 : **I'm sorry, this flight is almost full.**

나 : 창가 쪽으로 부탁해요.

상대 : 죄송해요, 창가 쪽은 자리가 남아 있지 않습니다.

나 : 정말이에요?

상대 : 죄송하지만, 이 비행기는 빈 좌석이 거의 없어요.

Dialogue 2

공항 카운터에서 자리를 지정받을 때

나 : **A window seat, please.**

상대 : **The exit row seat is available. This is the only window seat we have now.**

나 : **Is that right?**

상대 : **Yes.**

나 : 창가 쪽 부탁해요.

상대 : 비상구 쪽 좌석이 가능하네요. 창가 쪽은 여기밖에 남아 있지 않습니다.

나 : 아, 그래요?

상대 : 네.

Really?

Are you sure?

Is that right?

I see.

알겠어요 / 그렇군요

Point!

'당신이 무슨 말을 한지 알겠어요.'라는 뜻으로 상대방의 말을 이해했다는 표현이다. I understand.와 같은 뜻으로 단순한 맞장구보다 조금 깊이 들어간 표현이라고 할 수 있다.

Key expressions

아하 ↗

Uh-huh.

네. / 그렇군요.

*** 전화 통화를 할 때 '네~, 네 ~.' / '그렇군요.'처럼 상대방의 말에 맞장구를 치는 느낌으로 쓰는 말이다. 말할 때는 끝을 올려 주어야 한다.**

Exercise

알겠어요.

그렇군요.

Dialogue 1

호텔 프런트에서 음식점까지 가는 길을 물어볼 때

나 : **Could you tell me how to get to this place?**

상대 : **Sure. Go up the street in front of the hotel for two blocks, and turn right, and it's right there.**

나 : **I see. Thank you.**

나 : 여기로 가는 길을 가르쳐 주시겠어요?

상대 : 네. 호텔 앞길을 따라 두 블록 정도 가다가 오른쪽으로 꺾으면 바로 거기에 있어요.

나 : 알겠어요. 고마워요.

Dialogue 2

현지 가이드에게 내일 필요한 소지품에 대한 설명을 듣고 난 후

나 : **What else should I take?**

상대 : **A sweater or a jacket. It may be cool at night.**

나 : **Uh-huh.**

나 : 그 외에 또 뭘 가져가야 하나요?

상대 : 스웨터나 재킷이요. 밤에는 추워질 수도 있으니까요.

나 : 그렇군요.

I see.

Uh-huh.

Let's see.

글쎄요

말이 막힐 때 '음…' '글쎄요' '잠시만요'라고 하면서 생각을 정리하기까지 시간을 조금 벌고 싶을 때 쓰는 표현이다.
Let's see how it goes.라고 말하면 '일이 어떻게 되어 가는지 보자.'라는 의미가 된다.

Key expressions

렛 미 씨

Let me see...

잠시만요.

Exercise

잠시만요.

글쎄요.

Dialogue 1

현지 투어 중에 문제가 발생했을 때

나 : **I think I requested a Korean speaking guide for this tour.**

상대 : **Do you have a voucher now?**

나 : **Let me see ... here it is.**

상대 : **OK. One moment, please. Let me check.**

나 : 이 투어에 한국어를 하는 가이드를 부탁드렸는데요.
상대 : 지금 증서를 가지고 계세요?
나 : 잠시만요… 네, 여기 있어요.
상대 : 좋아요. 잠시만 기다려 주세요. 제가 알아볼게요.

Dialogue 2

현지 가이드와 내일 출발 시간에 대한 대화를 나눌 때

상대 : **What time would you like to start tomorrow?**

나 : **Let me see ... how about seven thirty?**

상대 : **Could we make it earlier, say, seven?**

나 : **Sure. That's fine.**

상대 : 내일 몇 시 정도에 출발하기를 원하세요?
나 : 글쎄요… 7시 반 정도 어떨까요?
상대 : 조금만 더 빨리는 안 될까요? 한 7시 정도요.
나 : 네. 괜찮아요.

Let me see...
Let's see.

Just a second.

조금만 기다려요

'조금만 기다려 주세요.'라는 말은 다양하게 표현할 수 있다. 그만큼 자주 듣게 되는 말이므로 다양한 표현까지 함께 알아 두자. 이 말은 전화 통화를 할 때도 자주 등장한다.

Key expressions

원 모먼트 플리즈
One moment, please.
조금만 기다려 주세요.

져스터 미닛
Just a minute.
잠시만 기다려요.

Exercise

조금만 기다려 주세요.
조금만 기다려요.
잠시만 기다려요.

Dialogue 1

호텔에 전화 예약을 할 때

상대 : **ABC Hotel. May I help you?**

나 : **Reservations, please.**

상대 : **One moment.**

상대 : ABC 호텔입니다. 무엇을 도와 드릴까요?
나 : 예약을 하고 싶어요.
상대 : 조금만 기다려 주세요.

Dialogue 2

호텔에서 체크인 할 때

상대 : **This is your key.**

나 : **Thanks. I think breakfast is included in the price. Could you check?**

상대 : **Sure. Just a second, please.**

상대 : 이게 객실 열쇠입니다.
나 : 고마워요. 조식이 객실 요금에 포함되어 있는 것 같은데요. 확인해 주시겠어요?
상대 : 네. 조금만 기다려 주세요.

One moment, please.
Just a second.
Just a minute.

Thank you. / Thanks.

고맙습니다 / 고마워요

고마운 마음을 표현할 때 쓰는 일반적인 표현이다. 티켓을 받았을 때, 기내에서 서비스를 받았을 때, 질문에 대한 답을 들었을 때 등의 경우에 모두 쓸 수 있다. 기분이 좋아지는 대화에 빼놓을 수 없는 말이다.

Key expressions

노 땡큐
No, thank you. /
노 땡스
No, thanks.

아니요, 괜찮습니다. / 아니요, 괜찮아요.

*** 상대의 제안을 거절할 때 '괜찮아요.(필요 없어요.)' '전 신경쓰지 마세요.(원하지 않아요.)'라는 의미로 쓰는 표현이다.**

Exercise

고마워요.

아니요, 괜찮습니다.

아니요, 괜찮아요.

Dialogue 1

기내에서 승무원이 신문이나 잡지가 필요한지 물을 때

상대 : **Would you like any newspapers... magazines...?**

나 : **Do you have Korean newspapers?**

상대 : **Yes, we have daily newspapers. Here you are.**

나 : **Thanks.**

상대 : 신문이나 잡지 드릴까요?

나 : 한국 신문 있어요?

상대 : 네, 일간 신문이 있습니다. 여기 있어요.

나 : 고마워요.

Dialogue 2

기내에서 음료 서비스가 시작되었지만 지금 필요 없다고 말할 때

상대 : **Would you like something to drink?**

나 : **No, thank you.**

상대 : **Some water? Anything?**

나 : **No, I'm all right.**

상대 : 음료 드릴까요?

나 : 아니요, 괜찮습니다.

상대 : 물이나 다른 것은요?

나 : 아니요, 괜찮아요.

Thanks.

No, thank you.

No, thanks.

You're welcome.

뭘요 / 천만에요

상대방에게 Thank you.라고 감사 인사를 받은 경우 '천만에요.' '뭘요.'라고 답하고 싶을 때 쓰는 만능 표현이다.

Key expressions

슈얼
Sure.

천만에요.

* 이 말도 '천만에요.'라는 의미로 자주 사용한다.

나래롤
Not at all.

천만에요.

* 이 말도 '천만에요.'라는 의미로 쓰는 표현이다. '아니요, 별말씀을요.' '전혀요.(별것도 아닌데요.)'라는 뉘앙스로 쓴다.

Exercise

뭘요.

천만에요.

전혀요.(별것도 아닌데요.)

Dialogue 1

기내 통로에서 길을 양보해 줬을 때

나 : **Go ahead.**

상대 : **Oh, thank you.**

나 : **You're welcome.**

나 : 먼저 가세요.
상대 : 아, 고마워요.
나 : 뭘요.

Dialogue 2

기내에서 짐을 짐칸에 넣는 것을 도와줬을 때

상대 : **Thanks for your help.**

나 : **Sure.**

상대 : 도와줘서 고마워요.
나 : 천만에요.

You're welcome.

Sure.

Not at all.

Excuse me.

저, 실례지만 / 죄송해요

Point!

가게에서 점원에게 무언가를 묻고 싶을 때나 '저, 실례지만'이라고 누군가에게 말을 걸거나 주의를 끌고 싶을 때 쓸 수 있는 만능 표현이다. 또한 길을 걷다가 앞서가는 사람에게 먼저 지나가고 싶다는 말을 할 때, 지나가는 사람과 몸이 부딪쳐서 '죄송해요!'라고 가볍게 사과할 때도 이 표현을 쓴다.

Key expressions

쏘리

Sorry.

미안해요.

*** '미안해요.'라는 뜻으로, 누군가에게 폐를 끼쳤을 때 쓸 수 있다. 예를 들어 실수로 다른 사람의 발을 밟았을 때(이 경우 Excuse me.라고 해도 된다.) 쓰면 적당한 표현이다.**

Exercise

저, 실례지만.

죄송해요!

죄송해요!

Dialogue 1

기차역에서 열차의 행선지를 확인할 때

나 : **Excuse me, does the next train go to Liverpool?**

상대 : **It doesn't go directly there. You have to change trains.**

나 : **OK, thanks!**

나 : 실례지만, 다음 열차가 리버풀까지 가나요?

상대 : 거기로 바로 가지는 않아요. 기차를 갈아타셔야 해요.

나 : 알겠어요, 고마워요!

Dialogue 2

혼잡한 공항에서 카운터를 찾아가다가 캐리어로 누군가를 쳤을 때

나 : **Excuse me, I'm on the waiting list...**

상대 : **Ouch!**

나 : **Oh, excuse me! Are you all right?**

상대 : **Yes, it's OK.**

나 : **I'm very sorry!**

나 : 저, 실례합니다. 대기자 명단에 올라 있는데요….

상대 : 아야!

나 : 앗, 죄송합니다! 괜찮으세요?

상대 : 네, 괜찮아요.

나 : 정말로 죄송해요!

Excuse me.

Sorry!

Excuse me!

Excuse me?

네? / 뭐라고요?

'뭐라고요?' '미안해요, 다시 한 번 말해 주세요.' 등과 같은 의미로 쓴다. 상대가 말하고 있는 내용이 이해가 잘 안 되었을 때 쓸 수 있는 편리한 표현이다.

Key expressions

쏘리
Sorry?

뭐라고요?

* Excuse me와 같이 Sorry의 말끝을 높여서 되묻는 표현으로 쓸 수 있다.

팔든
Pardon?

뭐라고요?

왓 워짓 어겐
What was it again?

다시 한번 말씀해 주시겠어요?

* 내용 확인을 위해 다시 말해 달라고 되물을 때 쓴다.

Exercise

네?

다시 한번 말씀해 주시겠어요?

뭐라고요?

Dialogue 1

전화로 호텔 방을 예약하고 예약 코드를 들었는데

상대 : **It's seventy dollars per night.**

나 : **I'll take that room. My name is Dan Kim.**

상대 : **All right. Your reservation code is CSI0630.**

나 : **Sorry? I didn't catch that. What was it again?**

상대 : 1박에 70달러입니다.

나 : 그럼 그 방으로 할게요. 제 이름은 김단입니다.

상대 : 알겠습니다. 선생님의 예약 코드는 CSI0630입니다.

나 : 뭐라고요? 잘 못 들었습니다. 다시 한번 말씀해 주시겠어요?

Dialogue 2

패스트푸드점에서

상대 : **For here or to go?**

나 : **Excuse me?**

상대 : **Do you want to eat it here or do you want to take it out?**

나 : **Oh, take it out, please.**

상대 : 여기서 드세요? 아니면 가져가시나요?

나 : 네?

상대 : 음식을 여기서 드시길 원하세요? 아니면 가져가길 원하세요?

나 : 아, 가지고 갈게요.

Excuse me?

What was it again?

Sorry?

That's right.

맞아요 / 그래요

상대의 말에 동의하는 경우 '맞아요.' / '그래요.'라고 대답할 때 쓰는 만능 표현이다.

Key expressions

이그잭클리
Exactly.
맞아요. / 바로 그거예요.

Exercise

맞아요!

바로 그거예요.

그래요.

Dialogue 1

호텔에 체크인 할 때

상대 : **May I have your name, sir?**

나 : **Dan Kim.**

상대 : **Just a moment... Did you make a reservation with ABC Internet Service?**

나 : **Yes, that's right, I did.**

상대 : 손님, 이름을 알려 주시겠어요?
나 : 김단이에요.
상대 : 잠시만요…. ABC 인터넷 서비스를 통해 예약하셨나요?
나 : 네, 맞아요.

Dialogue 2

호텔에 체크인 할 때

나 : **I'd like to check in. My name is Dan Kim.**

상대 : **Just a moment, please. Yes, Mr. Dan Kim. You're staying with us for two nights?**

나 : **Exactly.**

나 : 체크인 하고 싶은데요. 제 이름은 김단이에요.
상대 : 잠시만요. 네, 김단 님. 여기에서 이틀 밤을 묵으시네요?
나 : 맞아요.

That's right!
Exactly.
That's right.

That's OK. / It's OK.

신경 쓰지 마세요 / 괜찮아요

상대가 사과했을 때 대답하는 일반적인 표현이다. '신경 쓰지 마세요.' '괜찮아요.' '됐어요.'와 같은 뉘앙스이며 또한 감사의 말에 대한 대답으로 쓰기도 한다.

Key expressions

댓츠 올 롸잇
That's all right.
괜찮아요.

노 프라블럼
No problem.
괜찮아요.

Exercise

신경 쓰지 마세요.

괜찮아요.

괜찮아요.

Dialogue 1

혼잡한 호텔 로비에서 캐리어로 누군가를 쳤을 때

나 : **I'd like to check out.**

상대 : **Ow!**

나 : **Oh, very sorry! Are you all right?**

상대 : **Yes, it's OK.**

나 : 체크아웃 할게요.
상대 : 아야!
나 : 앗, 정말 죄송해요! 괜찮으세요?
상대 : 네, 괜찮아요.

Dialogue 2

기내에서 의자에 앉으려고 하는데 옆 사람이 짐을 정리하는 중이라 앉을 수가 없을 때

상대 : **Oh, I'm sorry.**

나 : **No problem.**

상대 : **Just a second.**

나 : **Take your time.**

상대 : 어머, 미안해요.
나 : 괜찮아요.(괜찮으니 마저 정리하세요.)
상대 : 잠깐이면 돼요.
나 : 천천히 하세요.

That's OK.
That's all right.
No problem.

Not yet.

아직이에요

아직 어떤 일이 끝나지 않았는데 누군가 끝났는지 물어본다면 이 대답으로 충분하다. 무엇이 어떻게 아직 끝나지 않았는지 구체적으로 말하지 않아도 의미가 전달된다.

Key expressions

아이 해븐트 옛
I haven't ~ yet.
아직 ~하지 않았어요.

*** Not yet.만으로는 좀 부족한 느낌이 든다면 이 표현을 써서 말하면 된다.**

아임 올모스트 던
(I'm) Almost done.
(저는) 거의 다 했습니다.

Exercise

아직이에요.

거의 다 했어요.

아직 못 했어요.

Dialogue 1

기내에서 식사를 마칠 즈음에

상대 : **Have you finished your meal?**

나 : **Not yet. But can you take the tray? I'll just keep the cookies.**

상대 : **Sure.**

나 : **Thanks.**

상대 : 식사는 끝나셨어요?

나 : 아직이에요. 아, 하지만 쟁반은 치워 주시겠어요? 저는 쿠키만 있으면 돼요.

상대 : 알겠습니다.

나 : 고마워요.

Dialogue 2

음식점에서 주문할 준비가 안 되었을 때

상대 : **Hi. Are you ready to order?**

나 : **Not yet. Could you give us a few minutes?**

상대 : **Sure.**

상대 : 안녕하세요. 주문하시겠어요?

나 : 아직이에요. 잠시만 기다려 주시겠어요?

상대 : 알겠습니다.

Not yet.

Almost done.

I haven't yet.

That's all.

그거면 됐어요 / 이상이에요

'그거면 됐어요.' '그게 다예요.' '이상입니다.'라는 의미로 쓰는 표현이다. 패스트푸드점에서 주문하고 싶은 것을 다 말한 후에 That's all.이라고 말하면 주문이 끝났으니 계산해 달라는 의미가 된다.

Key expressions

댓츠 잇
That's it.
그거면 됐어요.

댓츠 올 포 나우
That's all for now.
지금은 그게 다예요.

Exercise

그거면 됐어요.
지금은 그게 다예요.
그거면 되나요?

Dialogue 1

패스트푸드점에서 주문할 때

나 : **Could I have two cheeseburgers and small fries to go?**

상대 : **Anything else?**

나 : **No, that's all.**

상대 : **That'll be four dollars and ten cents.**

나 : 치즈버거 두 개, 감자튀김 작은 사이즈 하나 포장해 주시겠어요?
상대 : 또 다른 거는요?
나 : 아니요, 그거면 됐어요.
상대 : 다해서 4달러 10센트입니다.

Dialogue 2

음식점에서 주문할 때

상대 : **Have you decided?**

나 : **Yes. I'll have a cup of onion soup and the broiled chicken with rice.**

상대 : **Would you like anything else?**

나 : **No, that's all for now.**

상대 : 메뉴 정하셨어요?
나 : 네. 양파수프, 구운 닭고기와 밥으로 할게요.
상대 : 또 다른 거 필요한 거 있으세요?
나 : 아니요, 지금은 그게 다예요.

That's all.
That's all for now.
Is that all?

That's it.

바로 그거예요

'바로 그거예요.'라는 의미도 되고, '맞아요!'라고 호응하는 표현이기도 하다. 말투에 따라서는 '다 됐어요.' '그게 다예요.'라는 의미도 된다. 끝을 올려서 That's it?이라고 하면 넌지시 '뭐야, 그것뿐이야?'라는 의미도 된다.

Key expressions

댓츠 롸잇
That's right.

그렇습니다. / 맞아요.

Exercise

바로 그거예요.

그것뿐인가요?

그렇습니다.

Dialogue 1

호텔 프런트에서 식당에 가는 길을 물어볼 때

나 : **Hi. I'd like to know how to go to a steakhouse, I think it starts with a D.**

상대 : **Donovan's?**

나 : **That's it!**

나 : 안녕하세요. 스테이크 하우스에 가는 길을 알고 싶은데요, 이름이 D로 시작하는 것 같아요.

상대 : 도노반스 말씀이세요?

나 : 바로 그거예요!

Dialogue 2

호텔 직원과 대화할 때

나 : **How much is that Candle Light Dinner?**

상대 : **One hundred and fifty-nine dollars.**

나 : **Per person?**

상대 : **That's right.**

나 : 캔들라이트 디너는 얼마인가요?

상대 : 159달러예요.

나 : 한 사람당인가요?

상대 : 네, 맞아요.

That's it.

That's it?

That's right.

Go ahead.

(먼저) 하세요 / 그러세요

'먼저 하세요.' '먼저 가세요.' '먼저 타세요.' '먼저 내리세요.'라고 상대에게 순서를 양보할 때 쓸 수 있는 표현이다. 문을 열어 주면서도 Go ahead.라고 한마디 덧붙일 수 있고, 엘리베이터를 타거나 내릴 때도 먼저 가라는 동작과 함께 Go ahead.라고 말할 수 있다. 또한 상대가 뭔가를 부탁하거나 요구할 때 '그러세요.''그렇게 하세요.'라며 원하는 대로 하라고 말할 때도 쓸 수 있다.

Key expressions

애프터 유

After you.

(먼저) 하세요.

*** Go ahead.보다 좀 더 정중한 표현이다.**

Exercise

(먼저) 하세요.

(먼저) 하세요.

그러세요.

Dialogue 1

비행기에서 내릴 때, 통로 맞은편의 사람과 마주쳐서 길을 양보해야 할 때

나 : **After you.**

상대 : **Thank you.**

나 : 먼저 가세요.

상대 : 고마워요.

Dialogue 2

대합실에서 옆자리에 가방을 두고 앉아 있는데, 누군가 와서 말을 할 때

상대 : **Is this seat taken?**

나 : **No, go ahead.**

상대 : **Thanks.**

상대 : 여기 누가 앉을 건가요?

나 : 아니요, 앉으세요.

상대 : 고마워요.

* 식당에서 의자가 부족할 때 다른 테이블의 남는 의자를 가져가려고 하는 경우 Is this seat taken?/ Can I take this chair? 라고 물어볼 수 있다 .

Go ahead.

After you.

Go ahead.

Go on.

계속하세요

'계속하세요.' '그 상태로 계속해도 돼요.'라는 의미를 나타내는 표현이다. 예를 들어 기내에서 한 승객이 창가 쪽 자리로 들어가려고 하는데 마침 짐을 정리하고 있던 통로 쪽 승객이 정리를 멈추고 먼저 들어가라고 한다면 '그냥 하던 정리 마저 하세요.'라고 말하고 싶을 때 이 표현을 쓸 수 있다.

Key expressions

고 어헤드
Go ahead.
(먼저) 하세요.

Exercise

계속하세요.
그대로 계속하세요.
(먼저) 하세요.

Dialogue 1

호텔 방에 돌아왔더니 직원이 객실 청소 중일 때

나 : **Go on.**

상대 : **Sorry, I'm almost done.**

나 : **That's OK.**

상대 : **Thanks.**

나 : 계속하세요.

상대 : 죄송해요, 거의 다 했습니다.

나 : 신경 쓰지 마세요.

상대 : 고마워요.

Dialogue 2

기내에서 자리에 앉으려고 하는데 옆 사람이 짐을 정리하고 있을 때

상대 : **Oh, sorry.**

나 : **Go ahead.**

상대 : **I'll just be a second.**

나 : **Take your time.**

상대 : 앗, 죄송합니다.

나 : 어서 하세요.(하던 거 마저 하세요.)

상대 : 잠깐이면 돼요.

나 : 천천히 하세요.

Go on.

Go on.

Go ahead.

Why not?

좋아요

상대의 제안에 대해 '좋아요.' '물론이죠.'라고 대답할 때 쓰는 표현이다. Of course.나 Sure.와 비슷한 의미를 나타낸다.

Key expressions

슈얼
Sure.
물론이에요.

Exercise

좋아요.
좋아요.
물론이에요.

Dialogue 1

현지 가이드와의 대화

상대 : **Shall we go?**

나 : **Why not?**

상대 : **Did you bring your camera?**

나 : **Yep, got it.**

상대 : 가실까요?
나 : 좋아요.
상대 : 카메라는 가져오셨어요?
나 : 네, 가져왔어요.

Dialogue 2

빙하 크루즈 안. 옆 자리의 사람과 대화할 때

상대 : **Can I sit here?**

나 : **Sure. It's open.**

상대 : **Did you go up to the deck?**

나 : **Yeah, but it was too cold there.**

상대 : 여기 앉아도 될까요?
나 : 물론이죠. 빈 자리예요.
상대 : 갑판에 나가 보셨어요?
나 : 네, 근데 너무 추웠어요.

Why not?
Sure.
Sure.

I don't think so.

아니요

Point! 부드럽게 부정하거나 반박할 때 쓰기 좋은 표현이다. 누군가 나에게 뭔가를 확인받으려고 할 때 '아직 ~해 주지 않았어요.'라고 말한다든지 상대의 제안을 거절한다든지 등등, 완곡한 표현으로 널리 쓰인다. 물론 기본적으로 '나는 그렇게 생각하지 않아요.'라는 뜻을 가지고 있다.

Key expressions

땡스 벗 아임 오케이

Thanks, but I'm OK.

고마워요, 하지만 괜찮아요.

Exercise

(부드럽게) 아니요.

고마워요, 하지만 괜찮아요.

그렇게 생각하지 않아요.

Dialogue 1

가게에서 매장을 찾고 있을 때

상대 : **Is someone taking care of you?**

나 : **I don't think so.**

상대 : **May I help you?**

나 : **Yes. I'm looking for the shoes department.**

상대 : 다른 직원이 도와 드리고 있나요?
나 : 아니요.
상대 : 제가 도와 드릴까요?
나 : 네. 신발매장을 찾고 있어요.

Dialogue 2

바에서 누군가가 말을 걸 때

상대 : **Are you having a good time?**

나 : **Yeah.**

상대 : **Why don't you join us?**

나 : **Thanks, but I'm OK.**

상대 : 좋은 시간 보내고 계세요?
나 : 네.
상대 : 저희와 함께 마시지 않을래요?
나 : 고맙지만, 사양할게요.

I don't think so.
Thanks, but I'm OK.
I don't think so.

Same here.

저도요

'나도 마찬가지이다.'라는 의미로 자주 쓰는 표현이다. 상대가 말한 내용에 대해 So do I.나 So am I. 등으로 받아 말해도 같은 의미를 나타낼 수 있다. Me too.도 같은 뜻이지만 Same here.보다 격 없이 하는 말이다.

Key expressions

미 투
Me too.
나도.

쏘 디라이
So did I.
저도 그랬어요.

Exercise

저도요.

나도.

(I visited Nazca.에 대해) 저도 그랬어요.

Dialogue 1

카페에서 주문할 때

친구 : **A cup of coffee, please.**

나 : **Same here, but make mine a soy cappuccino.**

친구 : 커피 한 잔 주세요.

나 : 저도요, 하지만 저는 두유카푸치노로 해 주세요.

Dialogue 2

버스 안에서 옆 사람과 대화할 때

상대 : **I visited Nazca before I came to Machu Picchu.**

나 : **So did I! Did you join a Cessna tour?**

상대 : **Yeah. The Nazca lines were great, but I felt a little sick on the plane.**

나 : **So did I!**

상대 : 저는 마추픽추에 오기 전에 나스카에 갔었어요.

나 : 저도요! 세스너를 탔어요?

상대 : 네. 나스카 평원은 멋졌는데, 비행기에서 멀미가 약간 났어요.

나 : 저도 그랬어요!

Same here.

Me too.

So did I.

Just looking.

그냥 보기만 할게요

Point! 가게에 들어가서 직원의 May I help you?라는 말을 들었을 때 가장 많이 하게 되는 말이다.

Key expressions

아임 져스트 룩킹
I'm just looking.
그냥 보기만 할게요.

아임 져스트 룩킹 어롸운드
I'm just looking around.
조금 둘러볼게요.

Exercise

그냥 보기만 할게요.

그냥 보기만 할게요.

조금 둘러볼게요.

Dialogue 1

쇼핑 중에 둘러보는 중이라고 할 때

상대 : **What can I do for you?**

나 : **Oh, just looking.**

상대 : **If you need any help, just let me know.**

나 : **Thanks. I'll let you know.**

상대 : 무엇을 도와 드릴까요?
나 : 아, 그냥 보기만 할게요.
상대 : 도움이 필요하시면 말씀해 주세요.
나 : 고마워요. 나중에 부탁드릴게요.

Dialogue 2

국립공원에서 가이드가 다가왔을 때

상대 : **Hi. Do you need a guide?**

나 : **No, I'm just looking around.**

상대 : **If you'd like to join our guided tour, let me know. It's free.**

나 : **Thanks. What time does it start?**

상대 : 안녕하세요. 가이드가 필요하신가요?
나 : 아니요, 좀 둘러볼게요.
상대 : 만약 가이드 투어가 필요하시면 말씀해 주세요. 무료입니다.
나 : 고마워요. 몇 시에 시작하는 거죠?

Just looking.
I'm just looking.
I'm just looking around.

Over there.

저쪽이요

Point!

'저쪽에''저기에'라는 뜻을 나타내는 표현이다. 실제로 눈에 보이는 범위의 '저쪽'을 가리키기도 하고, 자기가 앞으로 향할 여행지를 가리키며 말할 수도 있다.

Key expressions

업 데얼
Up there./
다운 데얼
Down there.

저쪽이요.

* 자신이 있는 장소보다 위쪽을 up there, 아래쪽을 down there라고 한다.

Exercise

저쪽이요.

저쪽이요. (위쪽)

저쪽이요. (아래쪽)

Dialogue 1

호텔에서 체크인 할 때

상대 : **Where's your luggage?**

나 : **Over there.**

상대 : **All right, I'll have a porter send your luggage to your room.**

나 : **Thank you.**

상대 : 짐은 어디에 있나요?
나 : 저쪽에 있어요.
상대 : 알겠습니다, 벨보이에게 방까지 옮기게 할게요.
나 : 고마워요.

Dialogue 2

음식점에서 화장실의 위치를 물을 때

나 : **Where is the restroom?**

상대 : **Up there. Can you see the yellow door?**

나 : **OK. Thanks.**

상대 : **No problem.**

나 : 화장실이 어디인가요?
상대 : 저쪽이에요. 노란색 문이 보이시죠?
나 : 네. 고마워요.
상대 : 별말씀을요.

Over there.
Up there.
Down there.

거리·쇼핑

우체국	포스트 오피스 post office
경찰서	폴리(스) 스테이션 police station
지하철	써브웨이 언더그라운드 투브 subway 미/underground 영/tube 영
버스정류장	버(스) 스탑 bus stop
교차로	인터섹션 intersection
횡단보도	퍼데스트리언 크로씽 크로스워크 pedestrian crossing/crosswalk
신호등	트래픽 라잇 traffic light
ATM	캐쉬 디스펜서 cash dispenser
극장	띠어러 theater
면세점	두리 프리 샵 duty-free shop
쇼핑몰	셔핑 몰 shopping mall
백화점	디팔트먼트 스토어 department store
슈퍼마켓	슈퍼마켓 supermarket
식료품점	그로써리 스토어 grocery store
편의점	컨비니언(스) 스토어 convenience store
약국	드럭스토어 drugstore
약국	펄머씨 pharmacy
계산대	캐쉬 뤠지스터 쳬카웃 카운터 cash register/checkout counter
화장실	뤠스트룸 restroom
엘리베이터	엘러베이러 elevator
에스컬레이터	에스컬레이러 escalator
탈의실	드레싱 룸 피딩 룸 dressing room/fitting room
남성복	맨스 클로딩 men's clothing
여성복	위민스 클로딩 women's clothing
음료	베버리지즈 beverages
술, 주류	리커 liquor
선물과 기념품	기프츠 앤 수버니어스 gifts & souvenirs

Chapter 5

여행 중 소통도 이것만 알면 문제없다

평소 우리말로 자주 쓰는 표현을 영어로는 어떻게 말하는지 궁금하지 않으세요?

'열심히 하겠습니다.' '우선' '신경 쓰지 말라니까.' '상황을 좀 볼게요.' '아무거나 좋아요.' '저도요.' 등과 같은 표현에 대해 여기서 다뤄 보겠습니다. 준비된 회화를 통해 구체적으로 어떻게 표현해야 하는지 확인해 보고 연습하면 도움이 될 거예요. 또한 '~ 같은데요.'와 같이 말을 좀 더 부드럽게 해 주는 표현도 있으니 꼭 활용해 보시기 바랍니다.

I'll try.

해 볼게요

우리가 자주 쓰는 '노력할게요!' '해 볼게요!'라는 표현을 영어로도 익숙하게 말할 수 있다면 대화가 더 원활해질 것이다. 덧붙여서 '열심히 해.'라고 용기를 북돋아 줄 때는 Good luck.이나 Take it easy.가 딱 맞는 표현이다.

Key expressions

아일 두 마이 베스트

I'll do my best!

최선을 다할게요!

Exercise

해 볼게요.

최선을 다할게요.

빨리 하도록 노력할게요.

Dialogue 1

호텔 직원에게 인기있는 음식점 예약을 부탁할 때

나 : **Could you try to reserve a table at Tony's for tonight or tomorrow night?**

상대 : **I'll do my best, but don't count on it.**

나 : **OK. I'll take my chances.**

나 : 오늘 밤이나 내일 밤으로 토니스에 예약을 해 주시겠어요?

상대 : 노력해 보겠지만 기대하지는 마세요.

나 : 네. 운에 맡겨 볼게요.

Dialogue 2

관광 도중 쇼핑을 하고 싶어서 가이드에게 부탁할 때

나 : **I'd like to do some shopping here.**

상대 : **OK, but I can only give you fifteen minutes.**

나 : **I'll try and make it quick.**

상대 : **I'll be waiting for you in the van.**

나 : 여기에서 쇼핑을 좀 하고 싶은데요.

상대 : 네, 하지만 시간은 15분 정도밖에 못 드려요.

나 : 빨리 하도록 노력할게요.

상대 : 저는 차에서 기다리고 있을게요.

I'll try.

I'll do my best.

I'll try and make it quick.

Oh, no!

오, 안 돼! / 아, 이런!

놀랐을 때 쓸 수 있는 표현이다. 실망하면서 놀랐을 때, 기뻐서 놀랐을 때 어떤 경우라도 쓸 수 있다. 이처럼 일상적으로 입에 붙어서 나오는 표현을 영어로 바로 말할 수 있다면 단연 회화가 즐거워지고 이야기의 흐름이 자연스러워 진다. 여행 도중 놀라운 일을 겪게 된다면 큰맘 먹고 Oh, no!라고 말해 보자. 비슷한 표현으로 Unbelievable!(믿을 수가 없어!)/Really?(진짜야?)도 있다.

Key expressions

오 마이 갓
Oh, my god. /
오 마이 굳니스
Oh, my goodness.

와, 세상에. / 맙소사.

* 뭔가 예상치 않은 놀라운 일이 생겼을 때 쓸 수 있는 표현으로 요즘엔 줄여서 OMG.라고도 말합니다.

가쉬
Gosh.

아이쿠. / 이런.

* 불쾌하거나 짜증나는 일이 생겼을 때 쓸 수 있는 말이다.

Exercise

오, 안 돼!
아, 이런!
와, 세상에.

Dialogue 1

호텔 메인 다이닝의 예약을 부탁했는데…

나 : **Could you make a reservation at eight?**

상대 : **I'm afraid all the tables are taken.**

나 : **Oh, no! How about at nine?**

상대 : **Let me check.**

나 : 8시에 예약을 할 수 있나요?
상대 : 유감스럽게도 만석이에요.
나 : 아, 이런! 그럼 9시는 어때요?
상대 : 확인해 보겠습니다.

Dialogue 2

환승하려던 비행기가 취소되었을 때

상대 : **This flight is cancelled.**

나 : **Oh, my god! Could you put me on another flight?**

상대 : **Certainly.**

상대 : 이번 비행기가 취소되었어요.
나 : 어머, 세상에! 다른 비행기를 알아봐 주시겠어요?
상대 : 알겠습니다.

Oh, no!
Oh, no!
Oh, my god.

For now.

우선은

'우선은' '지금으로서는' '현재까지는' 등과 같은 말에 딱 맞는 영어 표현이다. 예를 들어 음식점에서 나중에는 추가를 할 수도 있겠지만 '지금은 이것만'이라는 뉘앙스로 쓸 수 있다.

Key expressions

포 나우 노
For now, no.
지금으로서는 아니에요.

댓츠 올 포 나우
That's all for now.
우선은 그게 다예요.

Exercise

우선은.

우선은 그게 다예요.

지금은 안녕.

Dialogue 1

음식점에서

상대 : **Anything else?**

나 : **That's all for now.**

상대 : **All right. I'll be right back.**

상대 : 또 필요한 건 없으세요?
나 : 우선은 그거면 됐어요.
상대 : 알겠습니다. 바로 갖다 드릴게요.

Dialogue 2

단체 관광에서 가이드의 설명을 들으며

상대 : **Any questions?**

나 : **I think no, for now.**

상대 : **Are you sure? Then, let's get started.**

상대 : 질문 있으신가요?
나 : 현재까지는 없어요.
상대 : 정말이시죠? 그럼, 출발하겠습니다.

For now.
That's all for now.
Bye for now.

Just in case.

만일을 위해서요

우리가 '왜요?'라는 질문에 대해서 '만일을 위해서요.'라고 답할 때가 있다. 이런 말 한마디를 영어로 말할 수 있게 되면 대화 중에 말이 막힐 일이 훨씬 줄어들 것이다.

Key expressions

져스틴 케이스

~, just in case.

만일을 위해서 ~.

Exercise

만일을 위해서요.

만일을 위해 우산을 가져갈게요.

만일을 위해 당신 전화번호를 알려 주세요.

Dialogue 1

소지품 보관소에 짐을 맡기려다 급히 무언가를 꺼내며

상대 : **What's wrong?**

나 : **I'm taking an umbrella, just in case.**

상대 : **I see.**

상대 : 무슨 일 있어요?
나 : 만일을 위해 우산을 가져가려고요.
상대 : 그렇군요.

Dialogue 2

현지 가이드와 연락처를 교환할 때

상대 : **I would like you to have my cell phone number, just in case.**

나 : **Thanks. Here is my number.**

상대 : **Thank you.**

상대 : 만일을 위해 휴대전화 번호를 알려 드릴게요.
나 : 고마워요. 제 번호는 이거예요.
상대 : 고마워요.

Just in case.
I'm taking an umbrella, just in case.
Tell me your phone number, just in case.

Trust me.

날 믿어

Point!

'(괜찮아, 걱정하지 마.)날 믿어.'라고 말하고 싶을 때 딱 맞는 표현이다. '~이라면 저만 믿으세요.'의 경우는 when it comes to ~와 함께 쓰면 된다. '와인이라면 저만 믿으세요.'라고 하려면 Trust me when it comes to wine.이라고 표현한다.

Key expressions

리비럽 투 미

Leave it (up) to me.

저에게 맡기세요.

아이 윌 테이케얼 오브 잇

I will take care of it.

내가 알아서 할게.

Exercise

날 믿어!

저에게 맡기세요.

와인이라면 저만 믿으세요.

Dialogue 1

단체 관광 이동 중 갑자기 타이어가 펑크 났을 때

상대 : **I'm gonna change the tire.**

나 : **By yourself?**

상대 : **Yeah. Trust me!**

나 : **Good luck.**

상대 : 타이어를 교환하겠습니다.

나 : 직접 하신다고요?

상대 : 네. 저만 믿으세요!

나 : 행운을 빌어요.

Dialogue 2

음식점에서

상대 : **Would you like something to drink?**

나 : **I don't know which one to choose. Pinot Noir or Merlot.**

상대 : **Trust me when it comes to wine.**

나 : **Really? What do you recommend?**

상대 : 음료 드시겠어요?

나 : 피노누아와 멜롯 중에서 어떤 것을 고를지 잘 모르겠어요.

상대 : 와인이라면 저만 믿으세요.

나 : 정말이요? 그럼 뭘 추천해 주시겠어요?

Trust me!

Leave it up to me.

Trust me when it comes to wine.

Almost!

아깝다!

'아깝다!' '조금만 더 했으면 ~할 수 있었는데!'라고 할 때 쓰는 유용한 한마디이다. '못 했다.'가 아니라 '조금만 더 했으면 할 수 있었다.'라는 긍정적인 뉘앙스가 포인트!

Key expressions

클로스
Close!

아깝다!

*** 퀴즈 등의 정답을 맞히는 경우 근접하게는 맞혔지만 딱 맞는 답은 아닐 경우 아쉽다는 의미로 이렇게 표현할 수 있다.**

Exercise

아깝다!

아깝다!

아깝다! 조금만 빨랐으면 들어갈 수 있었는데!

Dialogue 1

옆에 있는 사람이 다 씹은 껌을 종이에 싸서 휴지통에 던졌는데 빗나가 버렸다면…

나 : **Almost!**

상대 : **I'll make it this time!**

나 : **Good luck.**

나 : 아깝다!

상대 : 이번엔 할 수 있을거야!

나 : 잘해 봐.

Dialogue 2

현지 투어 중 같은 팀 여행객과 서로 구입한 물건을 보여 주면서

상대 : **Guess how much I paid for this.**

나 : **Five dollars?**

상대 : **Close! Four dollars and fifty cents.**

상대 : 이거 얼마 줬을지 맞춰 봐요.

나 : 5달러?

상대 : 아깝네요! 4달러 50센트예요!

Almost!

Close!

Almost in!

Are you sure?

정말이야? / 확실해?

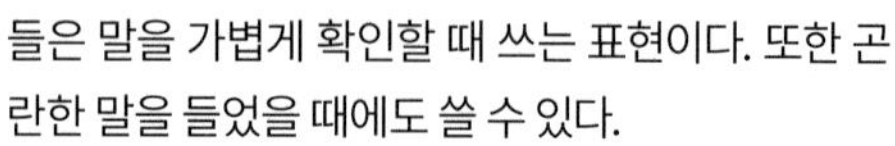

Point!

들은 말을 가볍게 확인할 때 쓰는 표현이다. 또한 곤란한 말을 들었을 때에도 쓸 수 있다.
Is that right?은 '그게 맞나요?'라는 뜻이고, '설마, 농담이지?'는 Are you kidding?, '진심이야?'가 Are you serious?이다.

Key expressions

아 유 씨리어스
Are you serious?
진심이야? / 정말이야?

* 무언가 말도 안 되는 일이 일어났다고 생각할 때 쓴다.

Exercise

정말이야?
농담이지?
진심이야?

Dialogue 1

호텔 예약 전화를 걸어서…

상대 : **ABC Hotel. May I help you?**

나 : **Do you have a single room available tonight?**

상대 : **Sorry, there are no more vacancies.**

나 : **Are you sure?**

상대 : ABC 호텔입니다. 무엇을 도와 드릴까요?
나 : 오늘 밤 묵을 수 있는 싱글룸이 있나요?
상대 : 죄송합니다만 만실입니다.
나 : 정말이요?

Dialogue 2

탑승 수속하려고 하는 비행기 예약이 초과됐을 때

나 : **Checking in, please.**

상대 : **This flight is overbooked.**

나 : **Are you sure?**

상대 : **We're looking for some volunteers to take a later flight. How about you?**

나 : 탑승 수속하고 싶은데요.
상대 : 이 비행기는 예약이 초과되었습니다.
나 : 정말이요?
상대 : 다음 비행기를 이용해 주실 분을 찾고 있어요.
선생님은 어떠신가요?

Are you sure?
Are you kidding?
Are you serious?

Don't worry about it.

괜찮아요 / 걱정하지 마세요

'괜찮아요.' '걱정하지 마세요.'라는 말에 딱 맞는 표현이다. 상대가 뭔가 잘못해서 사과를 할 때 이 한 마디 말을 꼭 해 보시길!

Key expressions

돈 워리 어바웃 미

Don't worry about me.

제 걱정은 하지 마세요.

Exercise

괜찮아요.

걱정하지 마세요.

제 걱정은 하지 마세요.

Dialogue 1

현지에서 만난 사람과 바에서 술을 마시면서

나 : **I've gotta go.**

상대 : **OK. This is on me.**

나 : **No, I can't let you do that.**

상대 : **Don't worry about it.**

나 : 슬슬 가야겠어요.

상대 : 네. 그럼 이건 제가 낼게요.

나 : 아니요, 그건 안 되죠.

상대 : 괜찮아요.

Dialogue 2

트레킹 중 같이 트레킹하는 분이 점점 뒤처지는 나를 발견하고는

상대 : **Are you all right? Do you need any help?**

나 : **Thanks. But don't worry about me.**

상대 : **Are you sure?**

나 : **Yes. I'm sure.**

상대 : 괜찮아요? 좀 도와 드릴까요?

나 : 고마워요. 하지만 제 걱정은 마세요.

상대 : 정말이요?

나 : 네. 정말이요.

Don't worry about it.

Don't worry about it.

Don't worry about me.

Never mind.

신경 쓰지 마세요 / 괜찮아요

Point!

누군가의 사과에 대한 대답으로 아주 편리한 표현이다. 이 밖에도 큰맘 먹고 영어로 농담을 던졌는데 안 통해서 상대가 오히려 당황할 때 '아, 아무것도 아니에요….'라고 할 때도 쓸 수 있는 표현이다. 꼭 기억해서 써 보시길!

Key expressions

아이 돈 마인드

I don't mind.

신경 안 써요.

Exercise

신경 쓰지 마세요. / 괜찮아요.

신경 안 써요.

Dialogue 1

호텔 소지품 보관소에서

상대 : **Here you are.**

나 : **Oh, this jacket is not mine.**

상대 : **I'm sorry.**

나 : **Never mind.**

상대 : 여기 있습니다.
나 : 어, 이 재킷은 제 것이 아닌데요.
상대 : 죄송합니다.
나 : 괜찮아요.

Dialogue 2

직원에게 큰맘 먹고 농담을 던졌는데 안 통했을 때

상대 : **Sorry? I couldn't catch you.**

나 : **Never mind. It was nothing.**

상대 : 네? 무슨 말씀이세요?
나 : 신경 쓰지 마세요. 별거 아니에요.

Never mind.

I don't mind.

Take your time.

서두르지 마세요 / 천천히 하세요

상대에게 '미안해요, 조금 기다려 주세요.'라는 말을 들은 경우 신경 쓰지 말고 천천히 해도 된다고 말하고 싶을 때, 혹은 짐을 급히 싸고 있는 모습을 보고 허둥대지 말고 천천히 하라고 말할 때 쓸 수 있다.

Key expressions

플리즈 테이큐어 타임

Please take your time.

서두르지 않아도 괜찮아요.

Exercise

서두르지 마세요.

천천히 하세요.

서두르지 않아도 괜찮아요.

Dialogue 1

가게에서

상대 : **Can I help you?**

나 : **I'm just browsing, thanks.**

상대 : **Take your time.**

상대 : 도와 드릴까요?

나 : 그냥 좀 둘러볼게요.

상대 : 천천히 보세요.

Dialogue 2

호텔 프런트 데스크에서 직원에게 말을 걸려고 하는데 짐 정리하던 직원이 좀 기다려 달라고 할 때

상대 : **Sorry, I'm almost done.**

나 : **That's OK. Please take your time.**

상대 : **Thanks. I'll be back right away.**

상대 : 죄송해요, 거의 다 해 가요.

나 : 괜찮아요. 천천히 하셔도 돼요.

상대 : 고마워요. 금방 돌아올게요.

Take your time.

Take your time.

Please take your time.

We'll see.

상황 좀 보구요 / 생각해 볼게요

Point!

상대의 제안을 완전히 거절하는 것은 아니지만 지금 상황에서는 거절한다고 할 때 쓸 수 있는 표현이다. 한 사람이 아니라면 We'll see.를 쓰고 자기 혼자라면 I'll see.를 쓴다. 상황을 봐야겠다고 확실하게 말하고 싶을 때는 We'll see whether ~.를 써서 We'll see whether we have time or not.(시간이 있는지 없는지를 보겠다.)이라고 표현한다.

Key expressions

아일 씨
I'll see.

생각해 볼게요.

* 음식점에서 와인 리필을 권유받거나 쇼핑 중에 점원에게 무언가를 추천받았을 때에 쓸 수 있는 표현이다.

Exercise

좀 상황을 볼게요.

생각해 볼게요.

Dialogue 1

술집에서 맥주를 다 마셔 갈 때

상대 : **Some more?**

나 : **We'll see.**

상대 : **OK. If you need something, please let me know.**

나 : **Thanks.**

상대 : 더 드릴까요?

나 : 지금은 괜찮아요.

상대 : 네. 필요하시면 말씀해 주세요.

나 : 고마워요.

Dialogue 2

여행사에서 단체 관광을 알아볼 때

상대 : **Would you like to make a reservation now?**

나 : **Well, I'll see. Can I have some information?**

상대 : **Here's our brochure. You can make a reservation by phone.**

나 : **Thank you.**

상대 : 지금 예약하시겠어요?

나 : 음, 좀 생각해 볼게요. 정보를 좀 얻을 수 있을까요?

상대 : 여기 안내 책자가 있어요. 전화로도 예약하실 수 있어요.

나 : 고마워요.

We'll see. / I'll see.

We'll see. / I'll see.

I'll pass.

됐어요 / 사양할게요

Point!

권유받은 것을 거절할 때나 상품 구입을 그만둘 때 쓸 수 있는 표현으로 '됐어요.''사양할게요.'라는 뜻이다. I think를 붙여 I think I'll pass.라고 하면 좀 더 부드럽게 거절하는 느낌을 준다.

Key expressions

아일 패스 디스 타임

I'll pass this time.

다음에 할게요.(이번에는 사양할게요.)

Exercise

됐어요.

사양할게요.

다음에 할게요.

Dialogue 1

음식점에서

상대 : **Would you care for dessert?**

나 : **I think I'll pass.**

상대 : **Are you sure?**

나 : **Yes. There's no more room.**

상대 : 디저트 드시겠어요?
나 : 아니요, 전 됐어요.
상대 : 정말이세요?
나 : 네. 배가 너무 부르네요.

Dialogue 2

백화점에서 옷을 입어 본 후에

상대 : **Have you decided?**

나 : **Sorry, I'll pass this time.**

상대 : **OK. Please come again!**

상대 : 결정하셨어요?
나 : 미안하지만, 다음에 할게요.
상대 : 네. 그럼 또 오세요!

I'll pass.
I'll pass.
I'll pass this time.

You decide.

네가 결정해

상대에게 결정을 미룰 때 쓰는 표현이다. '네가 결정해.'라는 뜻이며 It's up to you.(너에게 달렸어.)도 비슷한 표현이다.

Key expressions

우쥬 디싸이드
Would you decide?

결정해 주시겠어요?

Exercise

네가 결정해.

결정해 주시겠어요?

Dialogue 1

관광하는 도중 가이드에게 질문 받았을 때

상대 : **Shall we have lunch here or at that restaurant?**

나 : **You decide.**

상대 : **OK.**

상대 : 점심은 여기서 먹을까요? 아니면 저쪽 음식점에서 먹을까요?

나 : 알아서 결정해 주세요.

상대 : 알겠어요.

Dialogue 2

택시에서 목적지에 도착해 하차할 곳을 질문 받았을 때

상대 : **Where do you want me to stop? Near the main gate or the east gate?**

나 : **I'm not sure... Would you decide?**

상대 : **OK.**

상대 : 어디서 세워 드릴까요? 정문 근처요 아니면 동문 쪽이요?

나 : 제가 잘 몰라서요…. 알아서 결정해 주시겠어요?

상대 : 알겠습니다.

You decide.

Would you decide?

It's up to you.

알아서 하세요 / 당신에게 달렸어요

상대에게 판단을 맡기면서 '당신이 알아서 하세요.' '당신에게 달렸어요.''당신 결정을 따를게요.'라고 말할 때 쓰는 표현이다.

Key expressions

잇츠 올 업 투 유

It's all up to you.

전적으로 당신에게 달렸어요. / 다 알아서 하세요.

업 투 유

Up to you.

좋을 대로요.

Exercise

알아서 하세요.

다 알아서 하세요.

좋을 대로요.

Dialogue 1

관광 도중에 무엇을 하고 싶은지 가이드에게 질문 받았을 때

상대 : **Shall we go to the beach or take a walk in the park?**

나 : **It's up to you.**

상대 : **OK.**

상대 : 우리 바닷가에 갈까요? 아니면 공원에서 산책할까요?

나 : 알아서 하세요.

상대 : 알겠어요.

Dialogue 2

트레킹 중에 정상을 바로 앞에 둔 채 포기하고 그 자리에서 기다릴 것인지, 계속 갈지 판단을 내려야 할 때

상대 : **Are you all right?**

나 : **Well, yes and no. I'm OK but tired.**

상대 : **Do you want to come with us or stay here? It's all up to you.**

나 : **I'll stay here. I'll be waiting for you.**

상대 : 괜찮으세요?

나 : 음, 그렇기도 하고 안 그렇기도 해요. 괜찮긴 한데, 좀 지쳤어요.

상대 : 같이 가실 거예요? 아니면 여기서 기다리시겠어요? 선생님이 결정하세요.

나 : 저는 여기 있을게요. 기다리고 있겠습니다.

It's up to you.
It's all up to you.
Up to you.

~ will do.

~이라도 좋아요

'그거면 좋아요.''어느 쪽이든 좋아요.''어디라도 좋아요.'등의 말에서 처럼 우리가 흔히 쓰는 '~이라도 좋아요.' '~이라도 상관없어요.'에 딱 들어맞는 표현이다. 모든 결정을 상대에게 맡길 수는 없겠지만 이 말을 완벽하게 할 수 있다면 대답을 못해 말문이 막히는 일은 줄어들 것이다.

Key expressions

디스 윌 두
This will do.
이걸로 충분해요.

이덜 오브 댐 윌 두
Either (of them) will do.
(그것들 중) 어느 쪽이든 좋아요. / (그것들 중) 어느 쪽이든 상관없어요.

Exercise

이걸로 충분해요.
어느 쪽이든 상관없어요.
어디라도 상관없어요.

Dialogue 1

실외석이 있는 음식점에서

상대 : **Inside or outside?**

나 : **Either will do.**

상대 : **This way, please.**

상대 : 안쪽과 바깥쪽 어느 쪽이 좋으세요?

나 : 어느 쪽이든 상관없어요.

상대 : 이쪽으로 오세요.

Dialogue 2

벨보이가 방까지 짐을 옮겨준 후

상대 : **Where would you like me to put this bag?**

나 : **Anywhere will do.**

상대 : **OK, I'll put it here.**

상대 : 이 가방 어디에 놓을까요?

나 : 어디라도 상관없어요.

상대 : 네, 그럼 여기에 놓을게요.

This will do.

Either will do.

Anywhere will do.

Here's fine.

여기예요

택시에 탔을 때 꼭 필요한 표현이다. 어디 앞이라든가, 어디 모퉁이에서라든가 자세히 말하기 어려운 경우에는 내리고 싶은 지점에 가까이 갔을 때 이렇게 말하면 된다.

Key expressions

히얼즈 퐈인 위드 미

Here's fine with me.

저는 여기서 내릴게요.

렛 미 오프 히얼

Let me off here.

여기서 내려 주세요.

Exercise

여기예요.

저는 여기서 내릴게요.

여기서 내려 주세요.

Dialogue 1

택시를 탔는데 목적지가 가까워 오자

나 : **Here's fine.**

상대 : **OK. Five fifty.**

나 : **Here. Keep the change.**

나 : 여기예요.
상대 : 네. 5달러 50센트입니다.
나 : 여기요. 잔돈은 그냥 두세요.

Dialogue 2

택시를 탔는데 목적지가 가까워 오자

나 : **Here's fine.**

상대 : **Pardon?**

나 : **Let me off here.**

상대 : **All right.**

나 : 여기예요.
상대 : 네?
나 : 여기서 내려 주세요.
상대 : 알겠습니다.

Here's fine.

Here's fine with me.

Let me off here.

I'm lost.

길을 잃었어요 / 말을 못 알아듣겠어요

길을 잃었을 때 외에도 상대방이 하는 이야기가 무슨 말인지 잘 모를 때에도 쓸 수 있는 표현이다. 이야기를 잘 모르겠다는 의미로 I'm lost.를 쓸 경우 '저의 이해력이 부족해서 잘 모르겠어요.'라는 뉘앙스가 내포되어 있다.

Key expressions

아임 쏘리 아임 로스트

I'm sorry. I'm lost.

미안해요. 무슨 말인지 못 알아듣겠어요.

Exercise

길을 잃었어요.

길을 잃어버린 것 같아요.

미안해요, 무슨 말인지 못 알아듣겠어요.

Dialogue 1

길에서 지도를 펼쳐 들고 두리번두리번하고 있는데…

상대 : **What's the matter?**

나 : **I think I'm lost. Where am I now on this map?**

상대 : **Let me see. You are here.**

상대 : 무슨 일이세요?

나 : 길을 잃어버린 것 같아요. 제가 지금 이 지도의 어디에 있는 걸까요?

상대 : 어디 볼까요. 여기에 있네요.

Dialogue 2

해외에서 구매한 상품의 면세 방법에 대한 설명을 듣다가…

상대 : **At the airport, go to "US sales tax refund office" and submit your passport. OK?**

나 : **Mm...sorry, I'm lost.**

상대 : 공항에서 '미국 판매세 환불 사무소'에 가서 여권을 제출하세요. 아시겠어요?

나 : 음… 미안해요, 무슨 말인지 못 알아듣겠어요.

* 미국에서 물건을 구입하는 경우 각 주마다 정해진 sales tax(판매세)를 내야 하는데, 이것은 물건 값의 약 7~10%정도가 된다. 외국인의 경우에는 물건 구입 시 지불한 판매세를 후에 돌려받을 수 있는데 보통 공항에서 환불 받을 수 있다.

I'm lost.

I think I'm lost.

Sorry, I'm lost.

So do I.

저도요

상대가 말한 것에 대해 '저도 그래요.'라고 동의를 표현할 때 쓰는 전형적인 표현이다. Me too.만이 아니라 So do I.나 So am I.를 완벽하게 소화해 냈다면 대답의 응용 범위가 크게 늘어난다. Me too.는 '나도.'라는 느낌의 격식 없는 말투라는 것도 기억해 두자.

Key expressions

쏘 엠 아이

So am I.

저도 그래요.

Exercise

저도요. (I like spicy food.에 대해)

저도 그래요. (I'm tired.에 대해)

Dialoque 1

같이 현지 투어 중인 여행객과 대화를 나누는 중에

상대 : **I have a dog.**

나 : **So do I. What kind of dog do you have?**

상대 : **A spitz. How about you?**

나 : **A black miniature poodle.**

상대 : 저는 개를 키워요.
나 : 저도요. 어떤 종류의 개예요?
상대 : 스피츠요. 당신은요?
나 : 검정 미니어처 푸들이요.

Dialoque 2

호텔 직원과의 가벼운 대화

상대 : **How are you doing?**

나 : **Fine, but tired.**

상대 : **So am I. It's really hot and humid today, isn't it?**

나 : **Yes.**

상대 : 기분이 어떠세요?
나 : 좋아요, 좀 피곤하지만요.
상대 : 저도 그래요. 오늘 너무 덥고 습도도 높네요, 그렇죠?
나 : 네.

So do I.

So am I.

Neither do I.

저도요 / 저도 그래요 (부정 동의)

'저도요.'라고 동의를 하는데 그 내용이 부정적일 때는 so가 아니라 neither를 쓴다는 점에 주의해야 한다. So do I.나 So am I.가 완벽하게 입에 붙었다면 긍정이든 부정이든 회화에 적극 활용해 보자.

Key expressions

니덜 엠 아이
Neither am I.

저도요. / 저도 그래요. (부정 동의)

Exercise

저도요. (I don't like curry.에 대해)

저도 그래요. (I'm not interested in shopping.에 대해)

Dialogue 1

현지 투어를 함께 하는 여행객과의 점심 대화에서

상대 : **I don't like spicy food very much.**

나 : **Neither do I. But curry is an exception.**

상대 : **Oh, really?**

상대 : 저는 매운 음식은 별로 좋아하지 않아요.
나 : 저도요. 하지만 카레는 예외예요.
상대 : 어머, 정말이요?

Dialogue 2

현지 투어를 함께 하는 여행객과의 점심 대화에서

상대 : **I'm not interested in shopping at all.**

나 : **Neither am I. But I'm interested in drinking!**

상대 : **So am I! Cheers!**

상대 : 전 쇼핑하는 걸 안 좋아해요.
나 : 저도요. 하지만 마시는 건 좋아하죠!
상대 : 저도요! 건배!

Neither do I.
Neither am I.

~ doesn't work.

~이 고장났어요

'고장난'이라고 하면 흔히 out of order를 떠올리는데 '잘 안 되네요, 잘 안 움직이네요.'라고 말할 때는 work를 쓴 표현이 일반적이다. '고장난' 외에 어떤 일이 잘 안 될 때도 It doesn't work.라고 표현할 수 있다.

Key expressions

아이 씽크 더즌 월크
I think ~ doesn't work.

~이 고장 난 것 같아요.

Exercise

에어컨이 고장 난 것 같은데요.

이 헤드폰이 고장 났어요.

Dialogue 1

호텔 방의 에어컨이 이상할 때

나 : **I think the air conditioner doesn't work.**

상대: **What's your room number?**

나 : **Seventeen, seventeen.**

상대: **1717. OK, I'll send someone to check it right away.**

나 : 에어컨이 고장 난 것 같은데요.
상대: 방 번호가 어떻게 되세요?
나 : 1717이에요.
상대: 1717이요. 네, 바로 점검할 사람을 보내 드릴게요.

Dialogue 2

기내에서

나 : **This headset doesn't work.**

상대 : **Yeah? Let me have a look.**

나 : **Could I have another one?**

나 : 이 헤드폰이 고장 났어요.
상대 : 그렇습니까? 확인해 보겠습니다.
나 : 다른 걸로 교환해 주시겠어요?

I think the air conditioner doesn't work.
This headset doesn't work.

What's the difference?

뭐가 다른가요?

물건을 살 때나 옵셔널 투어(패키지 여행에서 자유 시간을 이용하여 별도 요금을 내고 하는 추가 여행)의 내용을 체크 중일 때 자세한 정보를 알고 싶다면 이 표현을 쓰면 된다.

Key expressions

왓츠 더 디퍼런스 비트윈 디스 앤 댓

What's the difference between this and that?

이것과 저것, 뭐가 달라요?

Exercise

뭐가 달라요?

이것과 저것, 뭐가 달라요?

A와 B의 다른 점이 뭐예요?

Dialogue 1

가게에서 두 개의 구두를 살펴보면서

상대 : **These are fifty-nine dollars and ninety-nine cents, and these are eighty-nine dollars and ninety-nine cents.**

나 : **What's the difference?**

상대 : **These are artificial leather and these are real.**

상대 : 이건 59달러 99센트, 또 이건 89달러 99센트예요.
나 : 뭐가 다른가요?
상대 : 이건 합성피혁이고, 이건 진짜 가죽이에요.

Dialogue 2

스파에서 메뉴를 보면서

상대 : **What would you like today?**

나 : **I'll try a facial.**

상대 : **OK. Here's the menu.**

나 : **What's the difference between "Sweet Soother" and "Pure Radiance"?**

상대 : 오늘은 뭘 하시겠어요?
나 : 얼굴 마사지 부탁해요.
상대 : 네. 메뉴 여기 있어요.
나 : '스위트 수더'와 '퓨어 레이디언스'가 어떻게 달라요?

What's the difference?
What's the difference between this and that?
What's the difference between A and B?

What does that mean?

그게 뭔가요? / 그게 무슨 뜻인가요?

어떤 말을 듣고 의미 파악이 안 될 때 '그건 무슨 뜻인가요?'라고 확인하면서 쓰면 좋은 표현이다. that 대신 모르는 말을 넣어 구체적으로 물어볼 수도 있다.

Key expressions

왓 더즈 민
What does ~ mean?

~은 어떤 뜻인가요?

Exercise

그게 무슨 뜻인가요?

ETA가 무슨 뜻인가요?

BYO가 무슨 뜻인가요?

Dialogue 1

공항 카운터에서

상대 : **This is your itinerary. Your flight will depart at 2 p.m., and ETA is 7 in the morning.**

나 : What does **ETA** mean?

상대 : **Estimated time of arrival.**

나 : **I see.**

상대 : 이게 당신의 여행 일정표예요. 비행기는 오후 2시 출발이고 ETA는 아침 7시예요.

나 : ETA가 뭔가요?

상대 : 도착 예정 시간입니다.

나 : 그렇군요.

Dialogue 2

늦은 시간에 호텔 체크인을 하는 바람에 호텔 저녁을 이용하기 어려워 가까운 음식점을 안내받으면서

상대 : **There's one restaurant near here. It's BYO.**

나 : **BYO?** What does that mean?

상대 : **Bring your own bottle. You can bring your own bottle.**

나 : **Oh, I see.**

상대 : 여기 근처에 식당이 하나 있어요. 그곳은 BYO예요.

나 : BYO요? 그게 무슨 뜻이죠?

상대 : Bring your own bottle의 약자예요. 좋아하는 술을 가지고 들어갈 수 있다는 거죠.

나 : 아, 그렇군요.

What does that mean?

What does ETA mean?

What does BYO mean?

That's not what I meant.

그런 의미가 아니구요

자기가 말하고 싶은 것은 그게 아니라고 정정할 때 쓰는 표현이다. 영어가 잘 전달이 안 되어 오해가 생겼을 때는 이 표현을 써서 바로잡도록 하자.

Key expressions

댓츠 낫
That's not
와라이 맨 투
what I meant to ~.

제가 ~한 것이 아니에요.

Exercise

제가 말한 것은 그게 아니에요.

그런 의미가 아니구요.

제가 주문한 게 아니에요.

Dialogue 1

관광을 마치고 투어 버스로 돌아와서

상대 : **How was your trip?**

나 : **Well, I'm exhausted.**

상대 : **You mean you didn't like it?**

나 : **That's not what I meant.**

상대 : 관광은 어땠어요?
나 : 음, 좀 피곤하네요.
상대 : 맘에 들지 않았다는 말씀이세요?
나 : 그런 의미는 아니구요.

Dialogue 2

음식점에서 주문한 음식이 잘못 나왔을 때

상대 : **Here you are.**

나 : **Oh, this is not what I meant to order.**

상대 : **Really? Let me check.**

상대 : 여기 있습니다.
나 : 어, 제가 주문한 게 아닌데요.
상대 : 그러세요? 확인해 보겠습니다.

That's not what I meant.
That's not what I meant.
This is not what I meant to order.

Could you show me how ~?

어떻게 ~하는지 알려 주시겠어요?

Point!

'~을 가르쳐 주시겠어요?'라고 하는 경우 Could you tell me ~?를 자주 쓰지만 동작으로 가르쳐 달라고 할 때는 tell이 아닌 show를 쓰는 게 좋다. 길을 물을 때도 show를 쓰는 경우가 꽤 많다.

Key expressions

크쥬 쇼 미 하우 투

Could you show me how to ~?

~하는 법을 가르쳐 주시겠어요?

Exercise

그것을 하는 법을 가르쳐 주시겠어요?

이 열쇠로 여는 방법을 가르쳐 주시겠어요?

이걸 먹는 법을 가르쳐 주시겠어요?

Dialogue 1

호텔 방에 들어가면서 카드키의 사용법을 물어볼 때

상대 : **This is your room, 1717.**

나 : **Could you show me how to use that key?**

상대 : **Sure.**

상대 : 여기가 손님 방, 1717호실이에요.

나 : 이 열쇠로 여는 방법을 알려 주시겠어요?

상대 : 알겠습니다.

Dialogue 2

음식점에서 명물 생선 소금가마구이를 주문하긴 했는데…

상대 : **Here's the sea bream in salt crust. Please break the crust.**

나 : **Could you show me how?**

상대 : **Certainly.**

상대 : 도미 소금가마구이 나왔습니다. 소금 껍질은 깨트려 주세요.

나 : 깨트리는 법을 가르쳐 주시겠어요?

상대 : 알겠습니다.

Could you show me how to do it?

Could you show me how to use that key?

Could you show me how to eat this?

Don't.

안 돼요 / 하지 마세요

뭔가를 금지시킬 때 쓸 수 있는 한마디 말이다. 무엇을 하지 말라고 하는지 Don't 뒤에 굳이 말하지 않아도 뜻이 통한다. 정중하게 제지하고 싶을 때는 Please don't.이라고 말한다. Don't.보다 더욱 강하게 말리고 싶을 때는 Don't do that!(그러지 마!)이라고 한다.

Key expressions

오 플리즈 돈트
Oh, please don't.

아, 하지 마세요.

* 식당에서 직원이 아직 다 먹지 않은 접시를 치우려고 할 때 치우지 말라는 뜻으로 이렇게 말할 수 있다.

플리즈 돈트
Please don't.

안 했으면 좋겠어요.

* 상대가 제안한 것을 거절할 때 등의 경우에 쓴다.

Exercise

안 돼요. / 하지 마세요.

하지 마세요.

안 했으면 좋겠어요. (제안에 대해)

Dialogue 1

기내에서 식사 서비스를 받은 후에

상대 : **I'll take the tray.**

나 : **Oh, please don't. I'm still eating.**

상대 : **Sorry.**

나 : **That's OK.**

상대 : 식사를 치우겠습니다.
나 : 아, 치우지 말아 주세요. 아직 먹고 있어요.
상대 : 죄송합니다.
나 : 괜찮아요.

Dialogue 2

옆에 있는 사람이 나에게 담배를 피워도 되는지 물었을 때

상대 : **Excuse me. Is it OK if I smoke?**

나 : **I'm sorry but please don't. I have a cold.**

상대 : **OK.**

상대 : 미안하지만, 담배를 피워도 될까요?
나 : 미안하지만, 그건 안 했으면 좋겠어요.
제가 감기에 걸려서요.
상대 : 알겠어요.

Don't.
Please don't.
Please don't.

I'll think about it.

좀 생각해 볼게요

상점에서 직원이 뭔가를 권했는데 결정하기 어려울 때 쓸 수 있는 편리한 표현이다. '생각해 볼게요.'라고 말하면서 부드럽게 거절하는 의미가 내포되어 있는 것은 영어도 마찬가지이다.

Key expressions

아일 컴 백 레이러

I'll come back later.

나중에 또 올게요.

메이비 어나덜 타임

Maybe another time.

다음 기회에 할게요.

Exercise

좀 생각해 볼게요.

나중에 또 올게요.

다음 기회에 할게요.

Dialogue 1

옷가게에서

상대 : **This is a popular brand.**

나 : **Is it?**

상대 : **Would you like to try it on?**

나 : **I'll think about it.**

상대 : 이게 인기가 많은 브랜드예요.

나 : 그래요?

상대 : 입어 보시겠어요?

나 : 좀 생각해 볼게요.

Dialogue 2

호텔 내 투어 데스크에서

상대 : **We have the "Safari Tour" and the "Forest Tour."**

나 : **Do you have Korean speaking guides on those tours?**

상대 : **No, I'm afraid not.**

나 : **OK, I'll think about it.**

상대 : '사파리 투어'와 '숲 투어'가 있습니다.

나 : 그 투어에 한국어를 하는 가이드가 붙나요?

상대 : 죄송합니다만, 그렇지는 않습니다.

나 : 그렇군요, 좀 생각해 보겠습니다.

I'll think about it.

I'll come back later.

Maybe another time.

There you are.

저기 있네

찾고 있던 사람이 눈앞에 있을 때 쓸 수 있는 표현이다. 또한 Here you are.(여기 있어요.)와 같은 의미로도 쓰고 '거봐, 그렇다니까.'라는 뜻도 나타낸다.

Key expressions

데얼 이리즈
There it is!

저기 있다!

Dxercise

저기 있네!

저기 있다.

거봐, 그렇다니까.

Dialogue 1

현지 가이드를 잃어버렸다가 찾았을 때

나　: **Oh, there you are!**

상대 : **Oh, Mr. Dan Kim!**

나　: **I was looking for you.**

상대 : **What can I do for you?**

나　: 아, 저기 있네!
상대 : 아, 김단 씨!
나　: 한참 찾았어요.
상대 : 무슨 일이세요?

Dialogue 2

현지 투어 중 잊고 온 물건을 가지러 가서

나　: **There it is!**

상대 : **Oh, that's what you're looking for.**

나　: **Yes. Exactly.**

나　: 저기 있다!
상대 : 아, 찾고 있는 게 그거였군요.
나　: 네. 맞아요.

There you are!
There it is.
There you are.

Is it OK if ~?

~해도 될까요?

Point!

상대에게 허락을 구할 때 쓰는 표현이다. 이 질문을 받았을 때의 대답은 'Yes, please.(네, 괜찮아요.)', 'Sure.(물론이죠, 그렇게 하세요.)', 'I'm afraid not.(죄송하지만 안 될 것 같아요.)' 등이다.

Key expressions

이짓 오케이 이프 아이 씻 히얼

Is it OK if I sit here?

여기에 앉아도 될까요?

이짓 오케이 이프 아이 스목

Is it OK if I smoke?

담배를 피워도 될까요?

Exercise

여기에 앉아도 될까요?

담배를 피워도 될까요?

죄송하지만 안 될 것 같은데요. (Is it OK if ~?에 대한 대답)

Dialogue 1

공항 대기실에서 옆자리에 사람이 와서

상대 : **Is it OK if I sit here?**

나 : **Sure. Nobody has taken.**

상대 : **Thanks.**

상대 : 여기 앉아도 될까요?
나 : 그럼요. 아무도 없어요.
상대 : 고마워요.

Dialogue 2

오픈 카페에서 옆 사람에게 담배를 피워도 되는지 물어봤을 때

상대 : **Is it OK if I smoke?**

나 : **Well...I'm afraid not.**

상대 : **OK.**

상대 : 담배 피워도 될까요?
나 : 음, 죄송하지만 안 될 것 같은데요.
상대 : 알겠습니다.

Is it OK if I sit here?
Is it OK if I smoke?
I'm afraid not.

I think ~.

~인 것 같은데요

Point!

무엇인가를 지적하거나 불편 사항을 얘기할 때 의외로 편리한 표현이 I think ~.이다. I think로 말을 시작하면 부드러운 느낌을 줄 수 있다.

Key expressions

아이 씽크 잇츠 아우로브 오더
I think it's out of order.
그게 고장 난 것 같은데요.

아이 씽크 아일 스킵 브렉퍼스트
I think I'll skip breakfast.
조식은 안 먹을 생각이야.

Exercise

그게 고장 난 것 같은데요.

조식은 안 먹을 생각이야.

텔레비전이 고장 난 것 같은데요.

Dialogue 1

호텔 프런트에 전화해서 객실의 문제를 말할 때

나 : **I think the remote control doesn't work.**

상대 : **I'll send a housekeeper right away.**

나 : **Thanks.**

나 : 리모컨이 고장 난 것 같은데요.
상대 : 바로 객실 담당자를 보내드리겠습니다.
나 : 고마워요.

Dialogue 2

기내에서

상대 : **Are you ready for breakfast?**

나 : **I think I'll skip breakfast.**

상대 : **Are you sure? How about coffee or tea?**

나 : **I'd like coffee with cream, thanks.**

상대 : 조식 드시겠어요?
나 : 저는 안 먹을게요.
상대 : 정말요? 그럼 커피나 홍차를 드릴까요?
나 : 크림 넣은 커피를 주세요.

I think it's out of order.
I think I'll skip breakfast.
I think the TV doesn't work.

Let me ~.

제가 ~하게 해 줘요 / 제가 ~할게요

Let me do it.은 '제가 그걸 하게 해 주세요.', Let me know.는 '알려 주세요.'라는 표현이다. 조금 더 격식 있게 말하고 싶을 때는 Would you let me ~?를 써서 Would you let me do it?(제가 그걸 하게 해 주시겠어요?)이라고 한다.

Key expressions

렛 미 두 잇
Let me do it. /
렛 미 트라이
Let me try.

제가 그걸 하게 해 줘요. / 제가 해 볼게요.

렛 미 페이
Let me pay.

제가 낼게요.

Exercise

제가 그걸 하게 해 줘요!

제가 낼게요.

확인해 볼게요.

Dialogue 1

호텔에서 체크인 할 때

나 : **I'd like to check in. I have a reservation. My name's Dan Kim.**

상대 : **Yes, Mr. Dan Kim. We've been expecting you.**

나 : **My room comes with a complimentary breakfast, right?**

상대 : **OK, let me check.**

나 : 체크인 부탁해요. 예약한 김단입니다.
상대 : 네, 김단 님. 기다리고 있었습니다.
나 : 제가 예약한 방에 무료 조식권이 있는 거 맞죠?
상대 : 네, 확인해 보겠습니다.

Dialogue 2

현지 가이드와 점심을 함께 먹은 후에

나 : **Shall we go now?**

상대 : **Sure.**

나 : **Let me pay.**

상대 : **Oh, you don't have to do that!**

나 : 이제 가 볼까요?
상대 : 네, 그러죠.
나 : 이건 제가 낼게요.
상대 : 아, 안 그러셔도 돼요!

Let me do it!
Let me pay.
Let me check.

시간

① 10시 정각

② 10시 15분

③ 10시 30분

④ 10시 45분

⑤ 10시 50분

⑥ 11시 10분

⑦ 오전 10시

⑧ 오후 10시

⑨ 낮 12시

⑩ 밤 12시

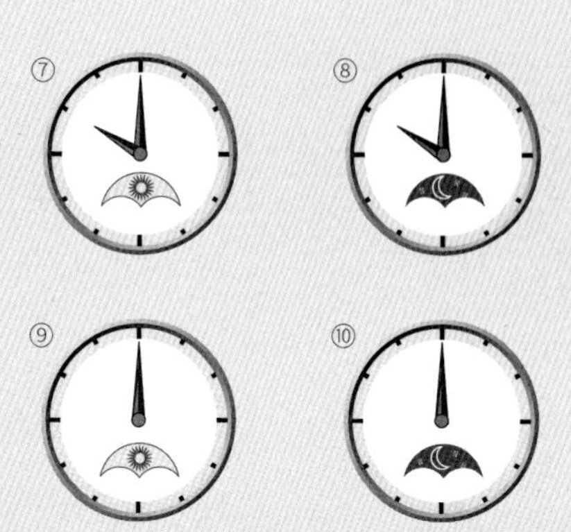

텐 어클락
ten o'clock

텐 피프틴 쿼러 패스(트) 텐 쿼러 애프터 텐
ten fifteen/quarter past ten/quarter after ten

텐 써리 해프 패스(트) 텐 해프 애프터 텐
ten thirty/half past ten/half after ten

텐 포리 퐈이브 쿼러 투 일레븐
ten forty five/quarter to eleven

텐 피프티 텐 투 일레븐
ten fifty/ten to eleven

텐 패스트 일레븐 텐 애프터 일레븐 일레븐 텐
ten past eleven/ten after eleven/eleven ten

텐 에이엠
ten a.m.

텐 피엠
ten p.m.

눈
noon

밑나잇
midnight

ID(신분 증명)

성	패밀리 네임 라스트 네임 **family name/last name**
이름	퍼스트 네임 **first name**
국적	내셔낼러디 **nationality**
한국인	코리안 **Korean**
성별	섹스 **sex**
남성	메일 **male**
여성	피메일 **female**
연령	에이지 **age**
주소	애드레스 **address**
우편번호	집 코드 포스트 코드 **zip code/post code**
전화번호	텔레폰 넘버 **telephone number**
지역 번호	에어리어 코드 **area code**
휴대전화 번호	셀 폰 넘버 **cell phone number**
생년월일	데잇 오브 벌스 **date of birth**
출생지	플레이스 오브 벌스 **place of birth**
직업	아큐페이션 **occupation**
결혼 여부	메리덜 스테더스 **marital status**
기혼인	메리드 **married**
미혼인	씽글 **single**
가족구성	패밀리 스트럭처 **family structure**
부부	메리드 커플 허즈밴드 앤 와이프 **(married) couple/husband and wife**
부모	페런츠 파덜 앤 마덜 **parents/father and mother**
아들	썬 **son**
딸	더럴 **daughter**
할아버지	그랜드파덜 **grandfather**
할머니	그랜드마덜 **grandmother**
손주	그랜드촤일드 **grandchild**
서명	씨그니철 **signature**

Appendix

여행지에서 배운 영어표현 Memo

정말 이런 말을 하고 싶었다, 이 표현은 쉽게 쓸 수 있을 것 같다, 아주 유용하게 쓰일 표현이다 등등, 자신에게 꼭 필요하면서도 딱 와 닿는 표현들을 정리해 보세요. 결국에는 그 표현들이 핵심이 되어 다양한 상황에서 응용해 볼 수 있는 기회가 되어 줄 것입니다.

그리고, 여행을 떠나 보세요. 외국어는 결코 책으로만 배워서는 완벽하게 익힐 수 없습니다. 여행지에서 몸으로 부딪치며 배워야 비로소 완벽해집니다.

이것만 알아듣고
이것만 말할 수 있으면
세계 어디를 가도

영어따위 문제없다

1판 1쇄 인쇄 2017년 10월 10일
1판 1쇄 발행 2017년 10월 16일

지 은 이 로버트 해리스
유튜브 강의 앰버 백정미
옮 긴 이 임단비, 박숙희
펴 낸 이 임형경
펴 낸 곳 라즈베리
마 케 팅 김민석
편 집 박숙희, 장원희
디 자 인 홍수미
한 글 캘 리 제이캘리(이지우) smjyloves@naver.com, instagram@jcalli.kr

등 록 제210-92-25559호
주 소 (우 132-873) 서울 도봉구 해등로 286-5, 101-905
대 표 전 화 02-955-2165
팩 스 0504-088-9913 / 0504-722-9913
홈 페 이 지 www.raspberrybooks.co.kr
블 로 그 http://blog.naver.com/donmo72
카 페 http://cafe.naver.com/raspberrybooks
I S B N 979-11-87152-11-8(13740)